정호기

征虎記

정호기 征虎記

일제강점기 한 일본인의 한국 호랑이 사냥기

야마모토 다다사부로 지음 | 이은옥 옮김

이항·엔도 기미오·이은옥·김동진 해제

에이도스

● 이 책의 기획 및 감수는 (사)한국범보전기금과 인간동물문화연구회가 진행하였다.

일본 교토 도시샤 고등학교 표본관에 소장되어 있는 한국 호랑이 박제.
1917년 야마모토 다다사부로 일행이 함경도 부근에서 잡은 호랑이를 박제한 것이다.

앞 페이지 호랑이 박제를 반대쪽에서 찍은 것이다.

도시샤 표본관 소장 한국 표범 박제.

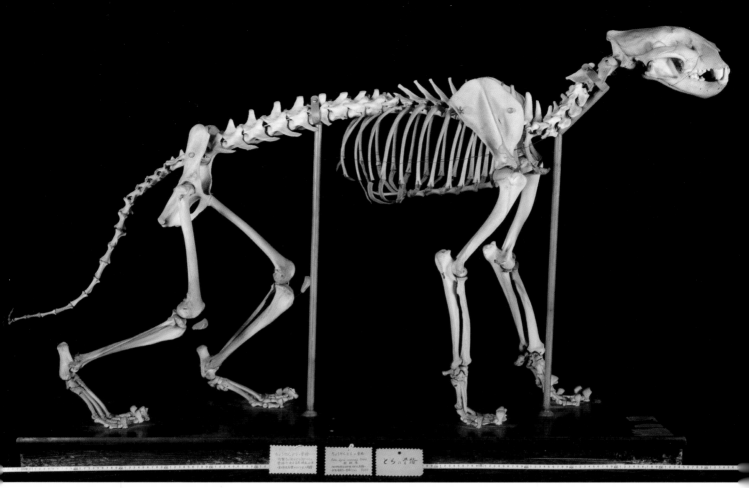

도시샤 표본관 소장 한국 호랑이의 골격.

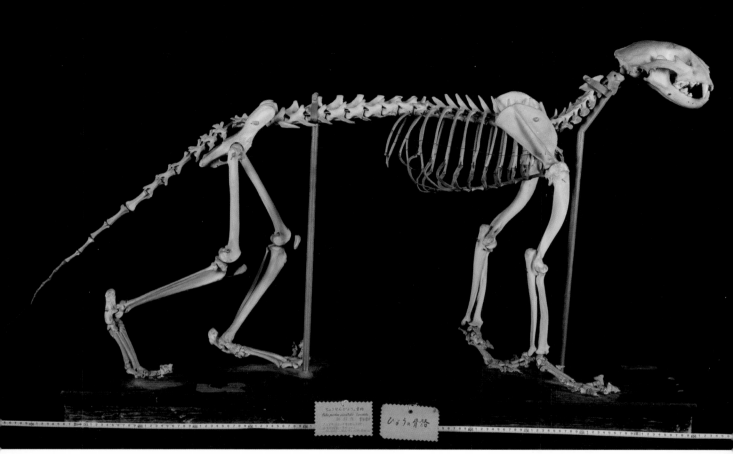

도시샤 표본관 소장 한국 표범의 골격.

◀ 『정호기』 원본 표지

▼ 책 말미에 실려 있는
제국호텔 호랑이 시식연
참석자 인명부

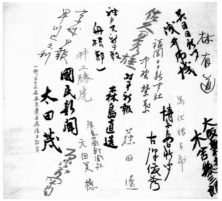

____ 목차 ____

해제
解題

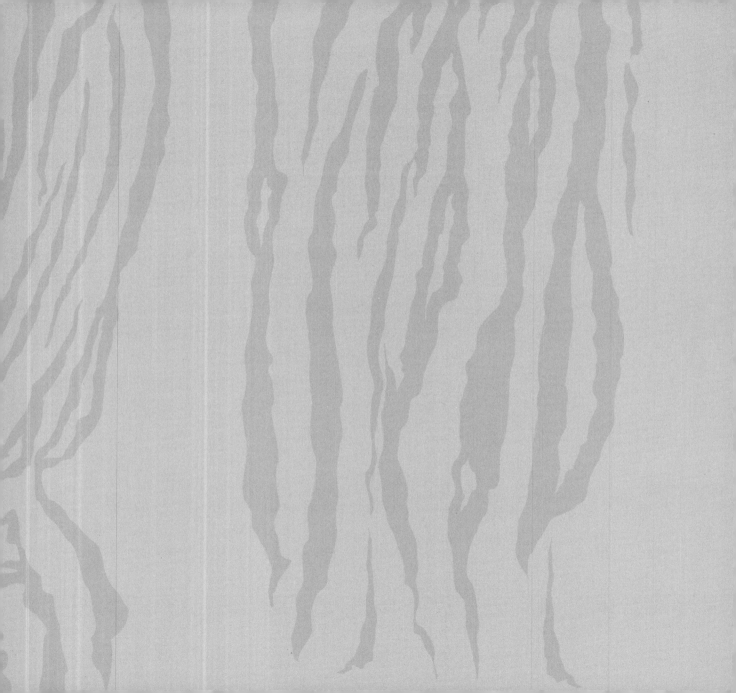

한국 호랑이와 『정호기』

『정호기』는 어떤 책인가?

『정호기』(征虎記)는 1917년 11월 10일 일본 도쿄역을 출발하여 같은 해 12월 10일 다시 도쿄역에 도착할 때까지 조선에서 한국 호랑이 사냥을 기획하고 실행했던 야마모토 다다사부로[山本唯三郎]가 편찬한 수렵기이다. 사냥 지역을 표시한 지도 2매와 사냥 행사 과정을 담은 화보가 58쪽(97매)에 걸쳐 실려 있으며, 편자 겸 발행자는 요시우라 류타로[吉浦龍太郎]로 되어 있다. 요시우라 류타로는 아마도 출판인으로서 발행을 책임진 것으로 보이나 그에 관한 기록은 어디에서도 찾아볼 수 없다. 책은 사냥을 마치고 도쿄에 돌아온 지 정확히 6개월 만인 1918년(다이쇼 7년) 6월 10일 일본 도쿄의 다이샨사[大參社]에서 인쇄하였다. 표지는 화려한 그림으로 꾸며졌으며, 붉은색의 간지와 고급스런 종이를 사용하였다.

야마모토 자신이 밝히고 있듯이, 이 책은 사냥에 참여할 때 찍은 사진과 일기를 합쳐 만든 것으로 사냥을 후원하거나 동행했던 사람들에게 일종의 기념 선물로 주기 위해 만든 비매품 한정판이었다. 따라서 책의 이름이 널리 알려진 것과 달리 실제 책을 구하기는 쉽지 않다. 국내에는 국립중앙도서관에 청구기호 朝16-A22로 기록된 판본이 있는데, 소장인 등으로 미루어 조선총독부 도서관에서 소장하던 책을 국립중앙도서관이 물려받아 관리하고 있다는 것을 알 수 있다. 이번 번역에 사용한 책은 『정호기』 원본을 구하기 위해 노력하던 (사)한국범보전기금이 일본의 인터넷 고서점에서 구한 판본이다. 책은 다소 오래되었지만 완전한 상태를 유지하고 있었다. '螢雪軒文庫 ○○藏書印'(○○은 미확인 글자)이라는 도장은 소유자의 단서를 찾을 수 있는 근거가 될 수 있겠지만 원 소유자를 명확히 알 수는 없었다.

　실제 책을 넘겨보면 사냥 행사 도중 찍은 각종 사진이 순차적으로 제시되어 마치 한 편의 다큐멘터리를 보는 듯한 느낌이다. 그리고 사냥 및 부대 행사의 진행과 전개 과정을 담담한 필치로 그려내고 있다. 특히 20세기 초 호랑이를 포함한 각종 사냥감이 살던 한반도의 생태 환경과 여러 동물들을 묘사하는 사냥 관찰기록을 보면 야마모토가 어느 정도 근대적인 고등교육을 받았다는 것을 알 수 있다. 이런 점에서 『정호기』는 우리 민족과 함께 오랫동안 살아왔던 호랑이를 우리와 다른 시각에서 객관적으로 관찰하고 기록했다는 의미를 갖는 책이다.

　한편 이 책에서 일본 고베[神戸]를 근거지로 두었던 송창양행(松昌洋行)의 주인으로 큰 부를 거머쥐었던 대자본가 야마모토 다다사부로는 제국주의 세력의 일원으로서 제국주의의 성과를 확인하고 그 영역을 더욱 확대하려는 야망을 거침없이 드러내기도 하였다. 대자본가

답게 야마모토는 "칠, 팔만 원의 큰돈"을 들여 이 사냥 행사를 진행하고 있음을 밝혔으며(〈매일신보〉 1917년 11월 18일자), "근래에 점점 퇴패(退敗)하여 가는 우리 제국 청년의 사기(士氣)를 높이기 위해"(〈매일신보〉 1917년 11월 3일자)라는 명분을 공개적으로 천명하고 있다. 이런 이유 때문인지 경성에 도착한 야마모토는 정호군의 총대장으로 불렸으며, 11월 14일에는 테라우치[寺內] 수상의 소개로 조선총독부의 하세가와 총독을 만나기도 한다. 또한 사냥을 마무리하고 경성의 조선호텔에서 열린 시식회에는 총독부의 야마가타 정무총감을 비롯한 120여 명의 귀빈이, 12월 20일 도쿄의 제국호텔에서 열린 시식회에서는 대신 2명과 추밀원 의장을 포함한 200여 명의 일본 제국주의를 이끄는 주요 인물들 상당수가 참석하였다.

　야마모토 일행이 조선에서 호랑이 사냥에 나선 것이 이처럼 주목을 받게 된 것은 당시의 국내외 정세와 연결되어 있다. 당시 세계는 제1차 세계대전이 막바지로 치닫고 있었고, 일본은 제국주의 세력의 전쟁에서 연합군 측에 가담함으로써 막대한 이득을 챙기고 있었다. 특히 1917년을 전후한 시기는 일본이 제국주의 열강의 일원으로서 위험과 기회를 감당할 수 있는지를 시험받는 특별한 시기이기도 했다. 당시 일제는 중국에서 이권을 공고히 하려는 21개조를 중국에 요구하였고, 10월 혁명으로 집권한 볼셰비키당의 공산정권을 붕괴시키고 공산주의의 확산을 막기 위한 시베리아 출병을 앞두고 있었다. 이런 일본의 움직임에 대해 중국에서는 강력한 배일(排日) 여론이 형성되었고, 외세와 외세의 지원을 받는 백군에 등을 돌리는 러시아인의 저항

이 일어나고 있었다. 조선에서도 일제는 헌병경찰제라는 폭압적인 통치로 조선인의 독립 의지를 억누르고 있었지만, 만주에서 독립군 기지를 건설하며 독립전쟁을 준비하는 가운데 국내에서도 비밀리에 독립에 대한 의지를 서서히 결집해가고 있었다.

　이러한 상황에서 1917년 11월, 야마모토 정호군이 조선 반도에서 호랑이 등 맹수를 사냥한 사건은 중의적인 의미를 갖는 것으로 해석된다. 겉으로 내세운 것은 조선총독부의 해수구제(害獸驅除) 정책과 같은 맥락에서 조선인의 생명과 재산에 피해를 주는 해로운 짐승을 퇴치하는 것이었다. 그러나 내면의 동기는 개인적 소영웅심의 발로, 부의 과시, 일본군 사기 진작, 제국주의적 이데올로기의 확산 등 복합적인 것이었다. 따라서 야마모토 정호군은 제국주의 확산을 추구하던 일본과 식민지 조선의 사회적 분위기와 맞물려 지배층과 대중의 상당한 주의를 이끌었던 것으로 분석된다.

그들은 왜 한국 호랑이 사냥에 나섰나?

　고래로부터 수렵은 군사훈련과 밀접한 연관이 있었고, 종종 군대의 사기를 진작시키는 수단으로 맹수류 사냥이 이용되었다. 조선 시대에도 호랑이 사냥을 겸한 군사훈련이 빈번하였다. 호랑이 사냥을 전담하는 착호군(捉虎軍)이 존재했으며 오랜 기간 국가의 제도와 정책적 지원을 통해 호랑이 사냥이 전개되었다. 이런 탓인지 조선의 포수는 동아시아에서 최고의 사격 실력을 갖춘 군사로 명성이 자자했다. 병

인양요와 신미양요를 통해 조선을 도발했던 프랑스와 미국의 군대는 물러설 줄 모르는 조선의 '호랑이 사냥꾼'에게 두려움을 느끼며 물러서야 했다.

한편 샤를르 달레의 『한국천주교회사』나 W. E. 그리피스의 『은자의 나라 한국』을 보면 호랑이 문화와 역사를 별도의 장에서 상세하게 다루는데 이는 한국 문화에 깊은 관심을 갖는 이방인에게 한국 호랑이를 소개하는 것이 당연하다는 인식 때문이었다. 19세기에서 20세기 초 한반도를 여행하고 그 결과를 서양에 소개한 많은 책들에서도 이런 인식이 계승되고 있다. 이들 책에서 한국 호랑이와 표범과 관련된 설화, 경험이나 에피소드를 소개하는 것은 마치 한국을 소개할 때 빠질 수 없는 양념과 같은 것이었다.

조선이 개항하여 서구와의 교류가 본격화되고 청일전쟁 이후 조선의 자주권이 크게 훼손되면서 한반도는 서구 자본가들이 사냥으로 얻고자 했던 트로피 수집지의 하나로 전락하였으며, 서구의 유한 자본가들과 수렵가들이 한반도를 찾는 일이 드물지 않았다. 1902년과 1903년에 걸쳐 목포 부근에서 호랑이 세 마리를 사냥한 윌리엄 로드 스미스(William Lord Smith),[*] 1903년 전남 목포와 진도에서 호랑이 두 마리를 사냥한 포드 바클레이(Ford G. Barclay),[*] 1922년경 북한 지역에서 호랑이를 사냥한 커밋 루스벨트(Kermit Roosevelt),[**] 비록 실패했지만 1906년 목포에서 호랑이 사냥에 나섰던 프랜시스 린들리(Francis Lindley)[**]와 1911년 무산에서 호랑이 사냥을 시도했던 로이 채프먼 앤드루(Roy Chapman Andrews)[***] 등은 그 몇 가지 예에 불과

[*] "A new musk-deer of Korea," *Proceedings of the Biological Society of Washington*, 24:1~2. N. Hollister. 또한 "Subspecific Status of the Korean Tiger Inferred by Ancient DNA Analysis," Mu-Yeong Lee, Hang Lee, et al, *Animal Systematics, Evolution and Diversity*(2012) 28(1): 48~53 참조.

[*] 『아시아와 북미에서의 수렵』(*The Big Game of Asia and North America-The Gun at Home and Abroad*, vol.4, 1915. The London & Countries Press Association Ltd.) 중 포드 바클레이(Ford G. Barclay)가 쓴 "만주호랑이"(The Manchurian Tiger, pp.225~233) 참조. 또한 (사)한국범보전기금 보도자료(2012.2.20.) 참조(http://savetiger.kr/50134461398).

[**] 커밋 루스벨트는 유명한 미국의 제26대 대통령 시어도어 루즈벨트(Theodore Roosevelt, 1858~1919)의 아들로, 아버지 루즈벨트가 그러했던 것처럼 세계 각국을 여행하며 사냥을 즐긴 유명한 수렵가였다. *Cleared For Strange Ports*, Kermit Roosevelt, New York, Charles Scribner's Sons(1927) 참조.

[**] *Diplomat off duty*, Francis Oswald Lindley, Honourable Sir, London, E. Benn Ltd. (1928)

[***] *Ends of the Earth*, Roy Chapman Andrews, New York, The Curtis Publishing Co.(1929)

하다.

이렇듯 사냥을 위해 한국을 찾은 외국인이 많이 있었지만, 일본인 야마모토는 조금 특이한 경우였다. 서구의 수렵가들은 스포츠로서 수렵을 즐겼으며 자신이 직접 사냥했다는 사실을 중시했기 때문에 직접 사냥한 동물 트로피를 자랑으로 생각한 반면, 야마모토는 자신이 직접 사냥하지 않고 많은 사냥꾼과 몰이꾼을 고용하여 이들을 지휘만 하였다. 야마모토는 사냥팀을 8개 반으로 조직해, 함경남북도와 강원도의 금강산 그리고 전라남도에서 사냥을 벌였다. 각 반에는 3명의 포수와 10여 명의 몰이꾼을 배치하였다. 이 가운데 사냥에 직접 참여한 일본인 포수는 3명뿐이었다. 대신 당시 조선의 명포수로 알려져 있었던 강용근, 이윤회, 백운학, 최순원 등 인물이 다수 참여하였다.

또한 야마모토는 이 사냥 행사에 여러 명의 신문기자를 특파원 형식으로 초청하여 참여시킴으로써 근대적 언론 매체인 신문을 통해 조선과 일본에 즉각적으로 정호군의 성과를 알렸다. 특파원으로 참여한 〈매일신보〉 심천풍(沈天風) 기자에 의해 〈매일신보〉에 특집 기사로 실린 "정호기"(책과는 다른 별도의 내용)를 통해 야마모토 일행의 사냥이 국내외적으로 얼마나 큰 반향을 불러일으켰는지 일부 살필 수 있다(〈그림 1〉, 〈그림 2〉). 야마모토는 언론을 통해 정호군을 널리 알림으로써 자신의 부와 영향력, 제국주의 일본의 힘을 대중에게 널리 각인시킬 수 있었던 것이다. 사냥 행사에 참여한 일행 33명이 각자 서명한 것을 영인하여 실은 『정호기』 마지막 두 페이지를 보면 매일신보사(每日申報社), 중앙신문(中央新聞), 경성일보(京城日報), 중외상업신보(中

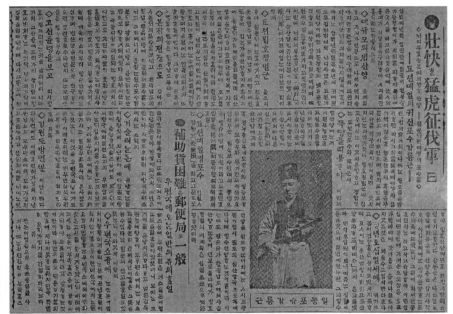

<그림 1> 1917년 11월 3일자 〈매일신보〉에는 "장쾌한 맹호정벌군"이란 제목으로 귀신 같은 포수 강용근과 정호군에 관한 기사가 실렸다.

<그림 2> 1917년 12월 7일자 〈매일신보〉에는 "호랑이 고기를 맛보며"라는 제목으로 조선호텔에서 열린 호랑이 시식회에 관한 기사가 실렸다.

外商業新報), 규슈일보사(九州日報社), 국민신문(國民新聞), 일본소년(日本少年), 야마토신문(やまと新聞), 히로시마중국신문사(廣島中國新聞社) 등 참여 언론사 명칭과 심천풍(沈天風), 다무라 고토[田村江東], 야마하나 요시키요[山塙芳潔], 야부키 도오루[矢吹徹], 고다베 히로미[小田部博美], 오타 시게루[太田茂] 등 참여 언론인의 이름을 확인할 수 있다.

　한국과 달리 일본에는 역사적으로 야생 생태계에 호랑이가 없었다. 대신, 늑대가 생태계의 정점을 차지하고 있었다. 이런 연유로 호랑이 사냥은 한국인과는 상당히 다른 모습이었고 일본인에게는 하나의 로망이었다. 호랑이가 처음으로 등장한 일본의 문헌은 『일본서기』제 19권 "테츠메이키"[欽明紀]이다. 테츠메이키의 내용 중에는 백제에서 호랑이에게 자식을 잃은 일본 무사 카시와데하테스[膳臣巴堤使]가 호랑이를 퇴치한다는 내용이 있다. 이것을 근거로 일본 화가들은 무사가 호랑이를 퇴치하는 그림을 많이 그렸다.* 이후, 유명한 가토 기요마사[加藤清正]의 호랑이 퇴치가 등장한다. 그 내용은 죠잔기담[常山紀談]에 나오는데, 가토 기요마사가 아끼던 시동 고즈키 사젠[上月左膳]이 호랑이에게 물려 죽자, 그 복수로 호랑이를 사냥한다는 내용이다. 이 무사들이 한반도에서 호랑이를 총으로 사냥하지 않고 창과 칼로 사냥하는 모습이 그림이나 이야기로 전해져 오고 있다. 총이 아닌 창과 칼을 이용한 이유는, 무사의 용감함을 나타내는 도구로서 총보다는 창과 칼이 더 그럴 듯했기 때문이다.**

　호랑이가 존재하지 않았던 일본에서, 호랑이 사냥은 무사의 용맹함

* 최경국(2009), "우타가와 쿠니요시의 무사 그림과 호랑이 사냥," 《일본연구》 제40호; 최경국(2011), "에도시대 말 대중문화 속의 호랑이 사냥," 《일본연구》 제48호.

** 최경국(2009), "우타가와 쿠니요시의 무사 그림과 호랑이 사냥," 《일본연구》 제40호.

을 과시할 수 있는 흔치 않은 기회를 의미했다. 무사가 호랑이 사냥을 할 수 있었던 기회가 너무나 드물었기 때문에, 조선 반도에서 호랑이를 잡았던 몇 안 되는 무사들의 영웅담은 전설이 되어 널리 퍼졌고 무용을 뽐내고 싶은 일본 무사들의 선망의 대상이 되었다. 야마모토는 이런 배경 하에 자신이 직접 가토 기요마사와 같은 영웅담의 주인공이 되고 싶었던 것으로 보인다. 이것은 『정호기』 원본 표지 그림에서도 확인할 수 있다. 표지에는 한 무사가 말을 타고 창을 들고 있는 그림이 컬러로 되어 있다. 『정호기』의 표지에 호랑이가 아닌 말을 탄 무사를 내세운 것이 인상적이다. 역시나 무사는 용맹함을 보여주기 위해 총이 아닌 창을 들고 있다. 이는 야마모토의 호랑이 사냥이 일본 무사의 용맹함과 정통성을 잇고 있다는 것을 암시하기 위한 것으로 보인다.

더구나 조선 반도가 일본 영토의 일부가 되었기 때문에 마음만 먹으면 언제든지 호랑이 사냥을 갈 수 있는 상황이었다. 이러한 '호랑이 사냥의 자유'를 야마모토는 정호군 원정을 통해 만끽하고 싶었을 것이고 또 모든 일본인들에게 이 새로이 얻은 자유의 의미를 강조하고 싶었을 것이다. 이 사실 역시 야마모토가 제국호텔에서 연 호랑이 고기 시식회에서 행한 연설 중 다음 말에서 확인할 수 있다. "전국시대의 무장은 진중의 사기를 높이기 위해서 조선의 호랑이를 잡았습니다만, 다이쇼 시대의 저희들은 일본 영토 내에서 호랑이를 잡아왔습니다. 여기에는 깊은 의미가 있다고 생각합니다."

야마모토의 사냥 활동을 담은 『정호기』는 일본의 한 자본가가 자기 자신의 과시 및 제국주의 일본의 지배력을 과시하고자 하는 목적으로 집필한 것이 분명해 보인다.

그럼에도 불구하고 글과 사진에 담긴 호랑이와 표범 등 동물들의 서식 상황, 구체적인 정황을 설명하기 위해 지도화하면서 서술된 객관적 자료, 사냥에 반응하는 동물들에 대한 구체적 서술, 사냥한 동물 사진, 당시 식민지 체제하의 생활상, 지금은 갈 수 없는 북녘의 환경과 금강산 사진 등은 다른 자료에서 쉽게 접하기 어려운 귀한 자료이다. 덧붙여, 야마모토 일행의 조선 호랑이 사냥에 대한 언론의 다양한 보도는 『정호기』에 담긴 글이나 사진과는 별개의 것이다. 따라서 마지막 두 페이지에 남겨진 서명들을 상세히 분석하고 자료를 추적하여, 신문에 실린 "정호기" 기사와 비교 검토한다면, 20세기 초 한반도에서 호랑이를 매개로 전개된 일제의 활동과 한국 호랑이 멸절의 역사를 더 풍부하게 이해할 수 있게 될 것이다. 향후 다양한 연구에 활용되기를 기대한다.

한국 호랑이와 관련한 거의 유일한 근대 사료 『정호기』

호랑이는 한국인의 로망이기도 하다. 호랑이는 청동기 시대에 그려진 울주군 반구대 암각화에서부터 한민족의 문화에 등장하기 시작했으며, 이후 고구려 고분 벽화의 사신도(四神圖)를 비롯하여 민화와 그림, 장식품, 석상 등에 묘사되었다. 한국인은 수천 년 동안 호랑이와 함께 살아오면서 호랑이의 엄청난 파괴력을 두려워하고 또 부러워했으며, 그 힘과 용맹스러움을 사랑했다. 호랑이는 영험한 동물로 산신령, 산군(山君)으로 여겨져 산신각에 모셔졌다. 또한 한국인은 호랑이를 너무나 닮고 싶어 했기 때문에 호랑이 가죽을 깔고 앉거나 호랑이 수염을 소지하거나, 하다못해 호랑이 그림이라도 집안에 두면 호랑이 기운을 얻을 수 있다고 생각했다. 심지어 호랑이 고기를 먹거나 뼈를 고아먹으면 병과 악귀를 물리칠 호랑이의 신통력을 얻을 수 있다고도 생각했다. 한국에는 호랑이 그림, 호랑이 전설, 호랑이 이야기와 동화책이 지천에 널려 있다. '옛날 옛날 호랑이가 담배 피던 시절에……'로 시작하는 옛날이야기의 첫 구절은 한국인이라면 누구나 다 알고 있는 친숙한 표현이다. 최남선은 이렇게 호랑이 이야기가 많은 나라는 없다고 하여 호담국(虎談國)이라 할 정도였다.* 호랑이 속담이나 '범 호'(虎) 자가 들어가는 말이 너무 많아 우리말에 만일 호랑이나 범이라는 단어가 없다면 때로 의사소통에 문제가 있을 것이라 생각될 정도이다.

그런데 정작 진짜 호랑이는 한국에 살지 않는다. 동물원에서 사육되는 호랑이를 말하는 것이 아니라 산과 들에 돌아다니는 호랑이 말이다. 왜 지금 한국에는 야생 호랑이가 살지 않는 것일까?

이러한 의문에 대한 부분적인 답은 일본인 엔도 기미오가 1986년 내놓은 책 『한국 호랑이는 왜 사라졌는가』에서 얻을 수 있다(이 책은 1986년 일본어로 나온 지 23년 만이자 호랑이해를 앞둔 2009년 비로소 한국어판이 발행되어 한국의 독자들에게 소개되었다. 엔도 기미오가 쓴 또 다른 책 『한국의 마지막 표범』도 2014년 초 한국어로 발간되었다). 엔도에 따르면 한국 호랑이와 한국 표범이 한반도에서 사라지게 된 직접적

* 김호근 · 윤열수(1986), 『한국 호랑이』, 열화당.

025

원인은 일제강점기에 시행된 '해수구제' 정책이었다. 일제는 '해로운 맹수'를 제거하여 국민을 보호한다는 명분으로 한반도의 맹수류를 조직적으로 말살하는 정책을 시행하였다. 그러나 어떻게 보면 이 해수구제 정책은 조선의 포호정책(捕虎政策, 호랑이 포획정책)을 이어받은 것이었다. 포호정책은 조선 건국 초기부터 대한제국 이전까지 지속적으로 실행된 정책이었다.*

따라서 일반적으로 알려져 있는 것처럼 한반도의 호랑이 멸절이 일제만의 책임이라고 하는 주장에는 무리가 있어 보인다. 그럼에도 불구하고 일제가 해수구제 정책을 펴게 된 이면에 어떤 다른 동기가 있는지 파악하는 것은 중요한 학술적 연구 대상이 될 것이다. 또한 해수구제 정책의 시행 과정에서 어떻게 일본인과 조선인을 동원했고, 이들은 각각 어떤 이유와 동기로 사냥에 참여했으며, 그 노획물은 어떻게 처리되었는지, 맹수 사냥에 대한 조선인의 인식과 반응은 어떠했는지 등의 물음에 대한 대답도 현재로서는 미흡한 실정이다. 이것은 당시 야생동물과 수렵에 관한 기록이 거의 남아 있지 않고 역사학자들의 관심 밖이어서 제대로 조사되지 않았기 때문일 것이다. 이런 점에서 『정호기』는 당시의 상황을 조금이나마 엿볼 수 있게 해주는 중요한 사냥 기록이다. 지금까지 『정호기』의 일부 내용이 번역되거나 소개된 적이 있었지만 책 전체가 번역된 적은 없어, 동물학 연구자나 동물멸종사 연구자에게 매우 아쉬운 일이었는데 이번 출판이 그 아쉬움을 해소해 줄 것으로 기대한다.

『정호기』의 존재는 일부 동물학자 사이에는 알려져 있었으나 아마

* 김동진(2009), 『조선전기 포호정책 연구: 농지 개간의 관점에서』(선인한국학연구총서 42), 선인.

도 『정호기』의 내용과 사진을 일반인에게 소개한 최초의 대중매체 기사는 인터넷신문 〈오마이뉴스〉에 실린 이순우의 글 "누가 조선호랑이의 씨를 말렸나? 호육(虎肉)을 시식한 야마모토 정호군(山本征虎軍)"일 것이다.* 이순우가 쓴 같은 〈오마이뉴스〉의 기사 "누가 마지막 조선호랑이를 보았나"에서도 『정호기』에 대해 언급하고 있다. 이 기사에는 『정호기』의 내용에 대한 소개와 함께 『정호기』에서 발췌한 몇 장의 사진이 실려 있다. 이 글들은 호랑이와 야생동물에 관심 있는 애호가들 사이에 널리 읽혀졌으나, 일본어를 알지 못하는 많은 사람들은 원서를 읽을 수 없어 못내 아쉬웠다.

2004년부터 활동해온 '아무르표범만원계'가 법인화된 (사)한국범보전기금은 한국에서 멸절된 야생동물의 멸절사 연구를 지속적으로 추진하던 중 『정호기』의 원본을 구하고자 많은 노력을 기울였으나 국내에서는 구할 수가 없었다. 그러다 운 좋게도 2009년 때마침 일본의 한 인터넷 고서적 판매상에 나와 있던 『정호기』 원본을 찾아내 겨우 한 부를 구입할 수 있었고, 이것이 이번 번역판 발간의 시발점이 되었다.

교토의 한 고등학교에서 90여 년 만에 만난 한국 호랑이 박제

한편 한국범보전기금은 한반도에서 멸절된 호랑이의 계통·유전 연구도 수행하고 있었다. 동물이 남긴 뼈나 가죽 등 유존체(遺存體)에서 DNA를 추출, 유전자 분석을 실시해 멸절된 동물의 계통과 유전자를 연구하는 것이다. 이런 연구를 통해 호랑이의 계통과 종을 분류하

* 기사(2013년 4월 12일자)는 다음의 QR코드에 접속하면 확인할 수 있다.

고 종의 계보를 추적할 수 있다.

한국 호랑이의 아종(亞種) 분류는 오랫동안 논쟁거리였다. 일부 사람들은 한국 호랑이는 현재 알려져 있는 아무르호랑이(시베리아호랑이, *Panthera tigris altaica*)와는 별개의 아종으로서 구별되어야 한다고 주장하고 있는데, 여기에는 어느 정도 역사적 근거가 있다. 일부 학자들이 한국 호랑이를 별개의 아종 *Panthera tigris coreensis*으로 기재했던 기록*이 있으며, 1965년까지도 '멸종위기에 처한 야생동식물종의 국제거래에 관한 국제협약(CITES)'은 한국 호랑이를 별개의 아종으로 취급하고 있었던 것이다.

이 문제를 해결하기 위해서는 먼저 한국 호랑이의 유존체를 추적하는 일을 시작해야 했다. 호랑이 유존체를 추적하던 한국범보전기금은 오랜 탐문 끝에 2009년 일본 도쿄 국립과학박물관과 미국 스미소니언박물관에서 한국 호랑이의 두개골과 골격 표본을 발견하게 된다. 이것들은 모두 구한말과 일제강점기에 한국을 방문해 한국 호랑이를 사냥 또는 수집했던 외국인들이 자국의 자연사박물관에 기증한 한국 호랑이의 두개골과 뼈였다.

한국 호랑이의 유존체 탐색 과정에는 많은 외국인 포유류 연구자들의 도움이 있었다. 일본에서의 탐색은 서울대학교의 일본인 교수 기무라 준페이가 적극 나섰다. 수의과대학 해부학교실 교수였던 기무라는 2007년 서울대학교 역사상 최초의 일본인 교수로 수의과대학에 부임했다. 기무라 교수는 야생동물의 해부와 형태를 연구하는 학자로서 일본포유류학회에 소속되어 많은 포유류학자들과 교우하고 있었

* Brass E, 1904. *Nutzbare Tiere Ostasiens. Pelz und Jagdtiere, Haustiere, Seetiere, Neudamm*, p.4.Satunin, K. A. 1915. "Korejskij tigr", *Naša ochota* 7: 17~18.

다. 2008년 4월 25일에는 서울에서 "동아시아 포유류 계통 및 계통지리 국제심포지엄"이 개최되어 한국, 일본, 대만, 러시아의 포유류학자 10여 명이 모일 기회가 있었고, 이 자리에서 서울대학교 이항 교수와 기무라 교수는 각국 학자들, 특히 일본 학자들에게 자신이 소속된 대학이나 지역 박물관에 혹시 한국 호랑이 표본이 있는지 찾아볼 것을 부탁하였다.

또한 한국 호랑이 유존체 탐색 일을 도와주던 일본 도쿄 국립과학박물관 연구자 히라타 하야토시에게 『정호기』의 주인공 야마모토 다다사부로에 관한 인물 정보를 수집해줄 것을 부탁하였다. 히라타는 얼마 후 교토 도시샤 고등학교를 졸업한 인물들을 소개하는 『도시샤 인물지』 42~47쪽에 야마모토 다다사부로에 관해 소개하는 글이 실린 것을 발견하고 이를 스캔하여 기무라 교수에게 보내주었다. 이 글에는 야마모토가 한국에서 사냥한 호랑이 등 동물의 일부가 박제 및 골격 표본 등으로 제작되어 자신의 모교인 도시샤 고등학교에 기증되었다는 내용이 담겨 있었다.

실로 엄청난 소식이었다. 비록 박제이긴 하지만 한국 호랑이의 모습을 실물로 다시 볼 수 있다는 것이고 잘하면 호랑이 표본의 유전자 시료도 얻을 수 있을 것이다!

즉시 기무라 교수를 통해 도시샤 고등학교가 있는 교토의 교토대학교 자연사박물관의 모토가와 교수에게 연락을 취해 도시샤 고등학교에 아직도 한국 호랑이 표본이 존재하는지 확인해 주도록 부탁했다. 얼마 지나지 않아 모토가와 교수에게서 연락이 왔다. 도시샤 고등학교를 직접 방문했으며, 그 표본관에 아직도 보관되어 있는 한국 호랑이와 표범, 반달가슴곰 등 표본 사진을 직접 촬영했다는 것이었다! 모토가와 교수는 촬영한 사진 파일을 함께 보내왔다. 또 야마모토가 1920년 표본을 제작한 후 도시샤 고등학교에 기증하면서 함께 보낸 송장(送狀)을 교토대학교 도서관에서 찾아 복사해 보내주었다.

이 사실을 어서 눈으로 확인하고 싶어 교토 도시샤 고등학교 표본관을 직접 방문하기로 했다. 모토가와 교수를 통해 도시샤 고등학교에 다시 연락을 취했다. 방문해도 좋다는 허락을 얻었고 마침내 2009년 11월 25일, 한국범보전기금 대표인 이항 교수가 기무라 교수와 함께 교토를 찾아가 표본관에 보관되어 있는 한반도에서 온 동물 표본을 만날 수 있었다. '조선산'(朝鮮産)이라는 표시가 뚜렷한 호랑이, 표범, 반달가슴곰, 승냥이, 산양, 멧돼지의 표본을 확인할 수 있었다. 표본에는 다이쇼 6년에 구입한 것으로 표기되어 있었고, 이것은 야마모토가 한국에 정호군을 이끌고 왔던 1917년과 정확히 일치하였다.

호랑이의 털 색깔이 약간 바래기는 했지만 시골 고등학교 표본관에 90년 이상 보관되었던 표본 치고는 비교적 상태가 양호했고 박제 표본의 사실성과 재현성도 높은 수준이었다. 표본대에 붙어 있는 라벨을 보니 표본을 제작한 곳이 'Shimadzu Factory Specimen Department'로 되어 있었다. 그 유명한 시마즈제작소(島津製作所)였다.* 이곳이라면 품질 좋은 표본을 제작할 수 있었을 것이다. 널리 알려져 있는, 한국에 남아 있는 유일한 한국 호랑이 표본인 목포 유달초등학교의 호랑이 표본 역시 시마즈제작소에서 만든 것이다.

* 1875년 교토에서 창업한 시마즈제작소는 과학 실험 및 실습 교재 제작회사로 일본에서 정평이 나 있는 회사이다. 이 회사는 정밀 계측분석기, 의료기기 제작소로도 세계적 명성이 있고, 2002년도에는 이 회사의 한 무명 연구원이었던 다나카 고이치가 노벨 화학상을 수상하면서 그 저력을 세상에 알린 바 있다. 이 정도 회사라면 1920년 한국 호랑이의 표본을 제작, 납품했던 기록이 혹시 남아 있을지도 모른다는 생각이 들어 교토 시내에 있는 시마즈제작소의 창업기념관을 찾아 안내 직원에게 문의해 보았으나 제작 기록을 찾을 수 없다는 직원의 답이 돌아왔다.

〈그림 3〉 야마모토 정호군이 잡아온 한국 호랑이 등 동물 표본이 보존되어 있는 일본 교토 도시샤 고등학교 표본관 앞에서 이 학교 야마자키 도시아키 교감과 서울대 이항 교수(2009년 11월 25일). 학교 측은 한국에서 찾아온 일행을 친절히 안내했으며 사진 촬영, 시료 채취, 자료 수집을 위한 협조를 아끼지 않았다.

한반도 북단 함경도 산하를 누비던 이 늠름한 동물들은 한 일본인 호사가의 손에 잡혀 죽는 신세가 되었으나, 바다 건너 일본 땅에서 그나마 솜씨 좋은 숙련공의 손에 의해 표본 형태로 부활했던 것이다. 찾는 이 없는 한 고등학교 표본관에 묻혀 있다가, 잡혀온 지 92년 만에 찾아온 고향 사람을 반갑게 맞아주는 것 같았다. 왜 이제야 찾아 왔느냐고 원망하면서.

사실 1986년 호랑이해에 엔도 기미오가 이 도시샤 고등학교 표본관을 찾아간 적이 있었다. 역시 한국 호랑이를 추적하던 나고야 NHK 방송의 PD에게 야마모토의 호랑이가 도시샤에 보관되어 있다는 것을 알고 바로 이곳을 찾아왔던 것이다. 그러나 엔도는 표본 이야기를 자신의 저서에 쓰지 않았다. 아마도 학교 측의 사정을 고려했기 때문이었으리라. 학교 측은 이 표본들의 존재가 널리 알려지면 한국에서 반환을 요청하게 되지 않을까 염려하는 것 같았다. 그러나 우리의 학술적 조사에 대해서는 아무런 조건 없이 적극적으로 협조해주었다.

표본관 구석구석을 돌아보면서 조선산 표시가 되어 있는 표본을 볼 때마다 눈시울이 뜨거워졌다. 왜 자신들이 이곳에 있어야 하는지, 동료들과 후손들은 어떻게 되었는지 묻는 것 같았고, 고향 땅에서 마음껏 뛰어다니던 시절을 그리워하는 것 같았다. 고향에서 이제 그 맥이 끊어진 호랑이, 표범, 승냥이는 머나먼 땅에서도 원통해 하고 있는 것만 같았다.

한국 호랑이는 왜 멸절했는가?

『정호기』에 의하면 실제 이 표본의 호랑이를 쏜 사냥꾼은 백운학과 최순원이다. 둘 다 조선의 이름난 명포수들인데, 두 사람이 각각 한 마리씩의 호랑이를 잡은 것으로 되어 있다. 그 두 호랑이 중 한 마리는 박제로, 다른 한 마리는 골격 표본으로 만들어져 이 도시샤 표본관에 보관되어 있는 것으로 보인다. 그렇다면 이 책 87쪽과 135쪽에 실린 두 마리의 호랑이 중 왼쪽 앞에 있는 개체는 박제 표본으로, 오른쪽 뒤에 있는 개체는 골격 표본으로 만들어졌을 것이다. 이 사실은 135쪽 왼쪽 앞 호랑이의 오른 뒷다리 줄무늬 양상과 도시샤 호랑이 박제 표본의 오른 뒷다리 줄무늬를 비교할 때 거의 같은 양상을 보인다는 점으로 증명된다(〈그림 4〉).

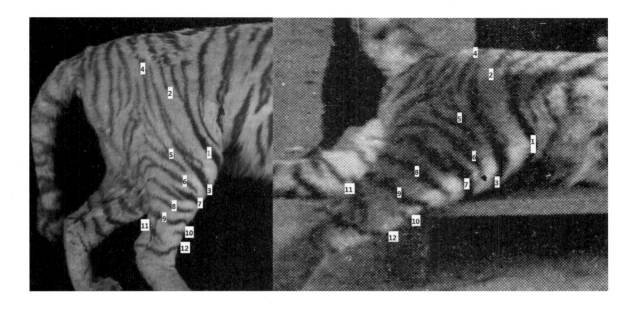

〈그림 4〉 도시샤 고등학교 박제 표본 호랑이의 오른 뒷다리 줄무늬와 이 책 135쪽 호랑이 사진 중 왼쪽 앞 개체의 오른 뒷다리 줄무늬를 비교하면 거의 비슷한 양상을 보인다. 그림은 박제 표본과 『정호기』의 호랑이 사진에서 대응하는 줄무늬에 번호를 매겨 비교한 것이다.

야마모토가(家)에서 표본들과 함께 보낸 송장에는 이렇게 되어 있다(〈그림 5〉).

- 박제품 내역: 호랑이 1, 수호 1, 표범 2, 승냥이 1, 곰 1, 멧돼지 머리 2, 산양 머리 1, 이상 9점.
- 골격제 내역: 호랑이 1, 수호 1, 이상 2점.
- 피혁류 내역: 반달가슴곰 가죽 1, 멧돼지 가죽 2, 노루 가죽 1, 담비 가죽 4, 이상 8점.

  (다이쇼 9년(1920년) 10월 19일)

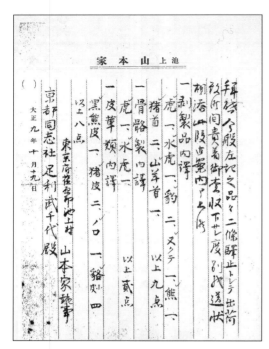

〈그림 5〉 야마모토가 도시샤에 보낸 표본 송장의 첫 장.

　박제 표본과 골격 표본은 모두 확인했고 가죽도 곰의 것은 확인했으나, 다른 가죽들은 확인하지 못하였다. 그런데 『정호기』의 기록과 야마모토의 송장 그리고 현재 표본 상황을 비교하면서 몇 가지 일치하지 않는 점을 발견하였다.

　예를 들어 『정호기』에는 모두 두 마리의 호랑이를 잡은 것으로 되어 있으나 송장에는 호랑이 박제 표본과 골격 표본 각 1점씩, 그리고 수호(水虎) 박제 표본과 골격 표본 각 1점씩 보낸 것으로 되어 있다. 실제 표본관에는 성체 호랑이 박제 표본과 골격 표본 1점씩, 그리고 새끼 호랑이 박제 표본과 골격 표본 각 1점씩, 이렇게 모두 4점의 호랑이 표본이 존재한다. 이렇게 볼 때 아마도 야마모토의 송장에 있는 수호란 새끼 호랑이를 말하는 것으로 보인다.*

표본으로 존재하는 새끼 호랑이에 관해서는 『정호기』에 어떠한 기록도 존재하지 않는다. 어쩌면 『정호기』에는 새끼가 포획된 것은 기록하지 않았을 수도 있을 것이다. 어쨌든 한반도에서 멸절된 동물 중 포획한 사람, 장소와 시기, 과정 등 표본과 관련된 자세한 기록이 남아 있는 것은 현재까지 이 도시샤 고등학교의 표본들이 유일하다.

사실 목포 유달초등학교에 보존되어 있는 한국 호랑이 박제 표본에 관한 매우 제한된 기록이 있기는 하다(〈그림 6〉). 국내에 보존되어 있는 유일한 한국 호랑이 표본으로 알려져 있는 이 표본에 관한 기록이 『목포부사』(木浦府史) 쇼와 5년(1930년)판의 「여담일속」(餘談一束)이라는 수필집 중 하나에 실려 있다. 이 기록은 『한국 호랑이는 왜 사라졌는가』를 쓴 엔도 기미오가 발견한 것으로, 그의 책에 이 기록을 찾기까지의 여정이 자세히 소개되어 있다. 엔도에 의하면, 유달초등학교의 호랑이는 1907년 1, 2월경 영광 불갑산에서 농민들이 덫으로 잡은 것으로 되어 있다. 그러나 이 수필을 쓴 사람의 이름이나 포획한 농민의 이름, 포획한 시기, 장소, 과정에 관한 자세한 기록은 없다.**

아이러니하게도, 이렇게나마 멸절된 동물에 관한 기록과 표본이 남아 있게 된 것은 정호군 대장 야마모토 다다사부로의 덕이 아니겠는가. 어떻게 보면 한반도에 와서 호랑이를 사냥해 기록과 표본으로 남겨준 것에 대해 그에게 감사해야 할지도 모른다는 생각이 우리를 씁

* 이 책 151쪽 사진에도 수호(水虎)란 말이 나오고 이 동물이 호랑이와 표범의 잡종인 것으로 묘사되어 있으나 이는 단순히 큰 표범을 오해한 것으로 보인다.

** 엔도 기미오의 『한국 호랑이는 왜 사라졌는가』(한국어판, 2009, 이담출판사, 269쪽)에 의하면, 목포 유달초등학교에 보존되어 있는 호랑이 박제는 1907년 초, 영광 불갑산에서 농민들이 잡은 호랑이를 일본인 하라구치 쇼지로[原口庄次郎]가 구입해서 일본 시마즈제작소에 보내 박제 표본을 만들어 와서 1908년에 학교에 기증한 것이다. 이 표본은 남한에 존재하는 한국 호랑이의 유일한 박제 표본으로 알려져 있다.

<그림 6> 목포 유달초등학교의 한국 호랑이 박제 표본. 1980년 엔도 기미오 촬영.

쓸하게 했다.

사실 야마모토의 정호군이 한반도의 호랑이를 절멸시킨 원흉이라 비난하는 것은 그리 정당해 보이지 않는다. 만일 야마모토 정호군이 오지 않았다면 한반도의 호랑이가 일제강점기 해수구제 정책을 이겨 내고 살아남았을 것이라는 가정은 합리적이지 않다. 그는 불이 나서 다 타들어가는 집에 부채질을 했을 뿐이다.

엔도 기미오의 『한국 호랑이는 왜 사라졌는가』에 따르면, 1915년부터 1924년까지, 통계자료가 없는 1917~1918년을 제외한 8년 동안 연평균 13.8명이 조선에서 호랑이와 표범의 공격에 의해 사망 또는 부상을 당했고, 그 8년 동안 사살된 호랑이가 89마리, 표범이 521마리에 달한다. 그러나 약 20년 뒤인 1933년부터 1942년까지 10년 동

036

안의 통계자료에 의하면, 호랑이와 표범에 의한 사상자 수가 연평균 2.4명으로 감소하였고 같은 기간에 사살된 호랑이는 8마리, 표범은 103마리였다. 다시 말하면, 약 20년 시차를 두고 비교해 볼 때 1930년대에 포획된 호랑이와 표범의 숫자는 1910년대에 비해 약 23% 수준으로 감소하였고, 호랑이와 표범에 의한 인명피해는 약 17% 수준으로 감소하였다. 이것은 수십 년간에 걸친 조선총독부의 해수구제 정책이 뚜렷한 가시적 효과를 내었음을 말해준다.

　그러나 1917년 야마모토가 정호군을 이끌고 조선에 왔을 때는 해수구제 정책의 시행 초기였으며, 당시 호랑이, 표범, 늑대 등 맹수에 의한 조선인의 인명과 재산 피해는 현재 우리의 경험과 상상을 초월하는 것이었다. 조선총독부가 1917년 발간한 《조선휘보》에 의하면, 1915년과 1916년 두 해 동안에만 호랑이, 표범, 늑대, 곰, 멧돼지 등 맹수의 공격으로 모두 351명의 사상자가 발생하였을 뿐 아니라, 소, 말 등 가축 13,830마리가 피해를 본 것으로 되어 있다.* 아마도 통계에 빠진 경미한 사고도 많이 있었을 것이므로 한 해에 전국적으로 적어도 사람 200명 이상, 그리고 가축 7,000마리 이상이 맹수에게 피해를 입고 있었다는 말이 된다. 맹수의 공격은 당시 조선인들의 인명과 재산에 실로 엄청난 손실을 주고 있었던 것이다. 우리나라 사람들이 호랑이를 영험하고 신령스런 동물로서 존경했던 것도 사실이겠지만, 이것도 어디까지나 내 생명과 재산에 위협이 없는 한에서의 생각이었을 것이다. 아무리 산군이고 산신령이라 할지라도, 나에게 해를 끼칠 위험이 있는 동물이 제거되는 것은 바람직한 일이었다.

* 엔도 기미오, 『한국 호랑이는 왜 사라졌는가』, 한국어판(2009, 이담출판사) 318~319쪽 참조.

맹수의 위협은 서민들 하루하루의 생활에 영향을 주는 매우 실질적인 공포였다. 오늘날 멧돼지가 도심 한가운데 나타나 시민을 놀라게 하거나, 고라니, 멧돼지가 농작물에 피해를 주거나, 또는 동물원의 호랑이가 사육사를 공격해 사망에 이르게 하는 등, 야생동물에 의해 인명과 재산상의 손실이 발생했을 때 사람들이 나타내는 반응을 보면 일제강점기 초기에 조선인들이 맹수에 대해 가졌던 인식의 일단을 어느 정도 이해할 수 있을 것이다. 환경과 자연에 대한 사람들의 인식이 크게 개선된 현재에도 야생동물에 의한 피해가 발생하면 제일 손쉬운 해결책은 피해의 원인을 제거하는 것이고, 이를 위해 당장 '유해 야생동물' 포획과 사살에 나서게 된다.

현대사회에서도 일단 사람이 피해를 보게 되면 '야생동물 보호', '자연보호', '인간과 동물의 공존', '민족의 상징 호랑이'와 같은 구호들이 끼어들 여지는 매우 좁아진다. 인간과 동물의 공존은 사람이 피해를 보지 않는 한도 내에서의 일인 것이다. 사람이 다치고, 죽고, 재산을 빼앗길 때 동물은 제거해야 할 가해자에 불과하다. 아무리 부정하고 싶어도 인간은 자신을 중심으로 사물과 자연을 보게 되어 있다. 하물며 20세기 초 식민지 백성들은 '야생동물 보호', '자연보호', '인간과 동물의 공존', '민족의 상징 호랑이'와 같은 구호를 꿈에서라도 들어본 적이 없었음을 이해해야 한다. 『정호기』를 읽을 때 이러한 시대적 배경과 인간 본성을 염두에 두어야 그 맥락을 이해할 수 있을 것이다.

이러한 사실은 일제강점기 초기 일본인의 잔혹한 경제적 수탈과 차별대우에도 불구하고 『정호기』에서, 또는 당시 정호군에 대한 언론보도에 나타난 일본인 대부호의 엽기적 사냥 이벤트에 대한 조선인들의 반응이 그다지 적대적이지 않았던 이유를 설명해준다. 정호군에 참가한 조선인 포수들은 매우 적극적이었고 더 많은 맹수를 사살하기 위해 서로 경쟁하였다. 정호군은 가는 곳마다 대환영을 받았다. 몰이꾼에 동원된 사람들도 크게 불평을 했다는 기록은 보이지 않는다. 언론들도 호의적으로 다루었고 민족혼의 상징인 호랑이와 멸종위기에 처한 야생동물을 죽이고자 찾아온 일본인에 대한 비판적 기사는 거의 찾아볼 수 없다. 물론 정호군 환영행사는 지역의 관청이나 학교 등이 사람들을 동원해서 이루어졌을 것이고, 일제의 폭압적 통치에 언로가 막혀 이에 대한 비판적 기사가 나오지 않았을 수도 있다. 하지만 동원된 사람들도 이에 대해 그리 큰 불평을 한 것 같지는 않고 오히려 하나의 큰 구경거리 기회로 생각했을 가능성이 크다. 나아가, 일반 민중은 해수구제 정책 또는 정호군이 맹수에 의한 일상적 위협을 어느 정도 해소할 것으로 기대했을 것이다.

그렇다고 해서 일제의 해수구제 정책이 한반도의 대형 포유류 개체군에 가한 치명상에 대해 책임이 없다는 이야기는 아니다. 또한 해수구제 정책에 편승해 대규모 수렵단을 이끌고 식민지 호랑이 잡기 이벤트를 벌임으로 제국주의적 만용을 뽐낸 야마모토의 행각이 정당화되는 것도 아니다. 다만, 당시 시대적 상황과 역사적 맥락에 대한 이해 없이 한반도에서 멸절된 동물에 대한 무조건적이고 단편적인 일본 책임론은 경계해야 할 것이다. 일제의 해수구제 정책이나 야마모토 정호군이 한민족의 정기를 뿌리 뽑기 위한 제국주의적 전략의 일환이었다는 의심을 살 만한 정황이 있으나, 이 부분 역시 감정적 접근이 아닌 철저한 사료 고증에 의한 학술적 접근이 필요해 보인다. 향후 연구자의 활약을 기대한다.

한국 호랑이의 귀환을 기다리며

교토 도시샤를 처음 방문해 호랑이 박제 표본을 본 후 만감이 교차했다. 그러나 우리는 표본의 존재와 상태만을 간단히 확인하고 훗날 다시 찾아올 것을 약속하면서 무거운 발길을 돌려야만 했다.

이듬해 봄인 2010년 3월 30일, 4개월 만에 교토를 다시 찾았다. 이항 교수와 기무라 교수가 함께 했으며, 이번에는 모토가와 교수가 섭외한 일본인 전문 사진사가 동행했다. 사진집으로 출판할 수 있는 질 좋은 사진을 찍기 위해서였다. 또한 도쿄 국립과학박물관의 구리하라 노조미 박사도 동행했는데 표본에서 유전자 시료 채취를 도와주기 위해서였다(이날 찍은 표본 사진들은 이 책 앞부분 화보에 실려 있다. 또한 〈그림 7〉 참조).

이날 채취한 DNA 시료를 이용한 한반도 호랑이의 계통분류 연구가 지금도 계속되고 있다. 도시샤의 시료는 아니지만 일본 도쿄에 있는 국립과학박물관에 보관되었던 한국 호랑이의 두개골 및 미국 스미소니언박물관에 보존되어 있던 한국 호랑이의 골격에서 DNA를 추출, 현존하는 아무르호랑이(시베리아호랑이)의 유전자와 비교한 연구 결과가 2012년 초에 논문으로 출판되었다.[*] 이 논문은 한국 호랑이의

* "Subspecific Status of the Korean Tiger Inferred by Ancient DNA Analysis," Mu-Yeong Lee, Hang Lee, et al. *Animal Systematics, Evolution and Diversity*(2012) 28(1): 48~53. 또한 "동물유존체를 활용한 융합연구: 한국 호랑이 멸절사와 호랑이 계통유전 융합연구 예" 참조(인간동물연구회 편, 《인간동물문화》, 221~256쪽, 2012년, 이담출판사)

〈그림 7〉 일본 도시샤 고등학교 표본관에서 유전자 시료 채취와 표본 촬영을 마치고 기념 촬영. 왼쪽부터 서울대학교 이항 교수, 기무라 준페이 교수, 그리고 일본 도시샤 고등학교 다카시 니만 교사, 모토가와 마사하루 교토대학교 박물관 교수.

미토콘드리아 유전자와 아무르호랑이의 유전자가 차이가 없다는 연구결과를 근거로 두 호랑이 집단이 같은 아종에 속한다고 결론을 내렸다. 이들 한국 호랑이의 유존체는 모두 19세기 말과 20세기 초, 그러니까 야마모토 정호군이 한국에 오기 전에 한국에 와서 사냥을 하거나 동물 유품을 수집했던 외국인이 본국의 자연사박물관에 기증한 것들이다.

이렇게 100여 년에 걸쳐 역사적으로 보존된 호랑이 유존체 DNA를 이용한 과학적 연구결과는 우리가 상식적으로 알고 있는 사실을 뒷받침한다. 즉 100년 전 한반도의 호랑이 개체군은 당시 중국 만주 지역과 러시아 연해주 지역 호랑이 개체군과 밀접한 교류가 있었고 이들 모두는 사실상 하나의 개체군, 한 혈통으로 보아야 한다는 점이다. 현재 러시아 연해주 야생에 살고 있는 아무르호랑이 수컷의 행동범위는 800~1,000km²에 이르며 자신의 새로운 영역을 찾는 젊은 수컷은 때로 매우 먼 거리를 이동하는 것으로 알려져 있다.* 따라서 한반도의 호랑이 개체군이 만주 및 연해주의 호랑이 개체군과 유전적으로 구분된 별도의 독립된 집단을 이루고 있었다는 것은 생물학적 상식과도 일치하지 않는다.

이것은 현재 러시아의 연해주에 남아 있는 아무르호랑이가 바로 한국 호랑이 혈통이라는 것을 의미한다. 어쩌면 『정호기』에 묘사되었고 일본 도시샤 고등학교에 박제로 남아 있는 한국 호랑이의 직접적인 후손일 수도 있고 또는 그 가까운 친척의 후손일 수도 있다. 이들 한국 호랑이들이 2014년 현재 약 400마리 남짓 극동러시아 연해주를 중심으로 일부는 중국 흑룡강성과 연변 일부까지 분포하고 있다. 그러나 가까스로 살아남은 이 호랑이들도 정호군이 한국에 왔을 당시와 비슷한 위협에 처해 있다. 러시아 정부와 학자들, 보호기관, 민간단체들의 필사적인 노력에도 불구하고 계속되는 밀렵과 서식지 감소는 이 위엄 있는 동물의 미래를 불확실하게 만들고 있는 것이다.

한국의 맹수들이 어떻게 사라져 갔는가에 대한 관심은, 마지막으로 살아남은 이 맹수들이 지구상에서 영원히 사라지지 않도록 지키고자 하는 관심으로 이어져야 할 것이다. 연해주에 살아남은 한국 호랑이를 지킬 수만 있다면 어쩌면 미래 한반도에, 적어도 북쪽 백두산 인근

* 역사적 기록에 의하면 때로 젊은 수컷 아무르호랑이의 분산 거리는 1,000km에 이르기도 한다(Mammals of the Soviet Union: Carnivora, Part2. V. G. Heptner & A. A. Sludskii, 1992, Brill Academic Pub).

지역에서라도 호랑이들이 다시 돌아올 날이 오게 될지도 모른다. 현재 살아남은 호랑이들의 서식지와 북한 함경도 땅은 두만강을 경계로 서로 마주보고 있기 때문이다. 지금 일본 교토 도시샤 초등학교에 보존되어 있는* 호랑이들도 정호군에게 잡히기 전에는 이곳 함경도 땅을 주름잡던 백수의 제왕이었다.

도시샤의 호랑이들이 언젠가 고향으로 돌아올 날이 있을까? 일제강점기 때 반출된 우리 문화유산의 귀환을 위해 많은 노력이 이루어지고 있다. 이 호랑이 표본은 어쩌면 한국을 대표하는 자연유산의 상징이자 동시에 문화유산의 하나라고 생각된다. 언젠가 대한민국을 대표하는 국립자연사박물관이 건립되고,* 이 호랑이 표본이 당당하게 한반도 자연유산과 문화유산의 상징으로 전시되었으면 한다.

『정호기』를 읽는 독자들이 과거 역사를 배우는 동시에 한국 호랑이의 미래에 대해서도 고민하고 꿈꾸기를 기대한다.

2014년 3월

이 항(서울대학교 수의과대학 교수)
이은옥(서울대학교 수의과대학 박사후연구원)
천명선(서울대학교 수의과대학 강사)
김동진(한국교원대학교 강사)
민미숙(서울대학교 수의과대학 연구교수)

* 2014년 3월 현재 도시샤 고등학교 표본관 건물은 노후로 인해 폐쇄되었으며 소장 표본들은 인근 도시샤 초등학교의 수장고에 임시 보관되어 있다.
* 대한민국은 2014년 현재 OECD 국가 중 국립자연사박물관이 없는 유일한 나라이다.

야마모토 다다사부로의 『정호기』

엔도 기미오

제국호텔에서

1917년 12월 20일 오후 5시, 도쿄 제국호텔의 대연회장은 다른 연회장과는 다른 분위기가 흘렀다. 왜냐하면, 호랑이 고기 시식회 파티가 열리기 때문이었다.

접시가 많이 올려져 있는 테이블에는 격식을 차린 차림새의 남녀가 있었고 그 중 검은 예복 기모노를 입은 사람이 이 연회를 연 야마모토 다다사부로였다. 카이젤 수염을 기른 그는 건장한 체구의 40대 남자였다.

초대받은 사람들은 체신대신(遞信大臣) 덴 겐지로, 농상무대신 나카쇼지 렌, 추밀원 고문관 스에마츠 노리즈미, 같은 추밀원 고문관 고마츠하라 에이타로, 추밀원 부의장 기요우라 게이고, 육군대장 가미오 미츠오미, 시부자와 에이이치 남작, 오쿠라 기하치로 남작 등 200여 명이었다. 대연회장 내외는 호랑이 사냥과 관련 있게 대나무 숲으로 장식되었으며 포획물인 호랑이, 표범, 곰, 노루 박제를 놓아 호랑이 사

044

냥 분위기를 나게 했다.

제국호텔의 연회장이라고 하면 일본에서는 최고급 사교장에 해당한다. 연회장에는 정재계 인물들을 포함하여 200여 명 이상의 손님들이 초대되었다. 이런 거창한 연회를 주최한 야마모토는 과연 어떤 인물일까? 엄청난 부를 가진 사람이지 않을까?

한반도의 호랑이 포획 기록

한반도에서 호랑이가 포획되었다는 기록은 정말로 그 수가 적다.
한국에서는 누구나 옛날에 호랑이가 많이 있었다는 말을 하지만 구체적인 자료가 없는 것이 현실이다. 1980년대의 일이지만 한국을 찾은 나는 적잖이 놀랐다. 이 나라 사람들이 정리해놓은 호랑이 사냥 관련 기록이 사방을 헤매고 뒤져도 나오지 않았던 것이다.
여기서 일본인이 정리해놓은 것을 말하자면, 구로다 나가미치[黑田長札] 박사가 1940년대에 정리한 『원색 일본 포유류 도설』(原色日本哺乳類圖說)이 있다. 고색창연한 도서이지만 조선, 대만, 사할린 섬의 동물 자료로서는 지금도 존중되고 있는 책이다. 도판은 아트지로 제작되어 있어 매우 아름답다. 한반도의 고양잇과에는 스라소니, 삵, 호랑이, 표범이 설명되어 있었다. 눈 속에 있는 호랑이는 목과 가슴, 배가 흰색이었고 눈썹과 입, 귀 밑 부분도 흰색이었다. 꼬리는 굵고 검은 줄무늬가 눈에 잘 띄었다.

'오! 아주 훌륭한 호랑이인데!'

나는 감탄하며 바라보았다.

중요한 호랑이 포획수와 장소는 메이지시대[明治時代](1868~1912년)에 이르러 여섯 군데나 되었다. 북한을 보면 함경북도 무산(茂山)에서 다섯 마리, 강원도 고산(高山)에서 두 마리, 평안북도 북진(北鎭)에서 한 마리로 총 여덟 마리였고, 남한을 보면 영광의 불갑산(佛甲山), 홍천의 가리산(加里山), 경주 이렇게 세 군데에서 세 마리가 포획되어 남북을 합치면 총 열한 마리이다. 마지막 호랑이는 1922년 경주 대덕산(大德山)에서 포획된 수컷으로, 지금은 함경북도 오지에서나 매우 드물게 잡히는 정도로 그 수가 감소했다고 한다.

굉장히 빠른 속도로 멸종하여 할 말을 잃게 만들었다. 이 구로다 박사의 『원색 일본 포유류 도설』은 경성 사범학교의 생물 교사인 우에다 츠네카즈[上田常一]가 발표한 것을 그대로 실었다. 야마모토가 호랑이 사냥을 한 지 20년이나 지난 후의 일이다.

우에다는 "멸종해가는 조선의 호랑이"라는 제목으로 1936년 《과학 지식》이라는 잡지에 다음과 같이 썼다.

옛날 조선에는 호랑이가 매우 많았고 어딜 가나 사람과 가축에 피해를 주는 동물로, 호랑이를 죽여서 마음을 편하게 하는 것은 지방 관사의 중요한 행정업무 중 하나였다. 지금은 그 수가 매우 적어 북쪽 오지가 아닌 한, 어느 산야를 돌아다녀도 호랑이 그림자도 보이지 않으며 그 소리도 들리지 않는다.

이는 피해를 방지하자는 목적 외에, 고가의 모피와 뼈를 얻기 위해 연이어 호랑이를 잡았기 때문이다. 뼈는 약재가 되고 모피와 거의 비슷한 가격대를 형성한다. 깔개로 쓰는 호랑이 모피는 엄청난 고가여서 경성에서는 한 장에 시가로 1,000엔에서 15,000엔이나 한다.

지금은 호랑이가 자주 나오는 곳이 함경북도 백두산 자락의 무산과 회령 사이라 하지만, 그곳조차도 작년(1935년)에는 겨우 다섯 마리만 포획했다고 들었다. 이런 상태라면 가까운 장래에 조선의 호랑이는 멸종할 것이 확실하다.

우에다는 왜 야마모토의 기록은 말하지 않았을까? 이것으로 보아 야마모토 다다사부로의 호랑이 포획 사례는 『원색 일본 포유류 도설』에 실리지 않은 매우 귀중한 기록이라고 할 수 있겠다.

정호군 사진집 발견

남산은 서울 시가의 남쪽에 있는 표고 262미터의 산으로, 정상에는 서울타워가 있다. 타워의 전망대에서 보면 한국의 수도 서울이 한눈에 들어온다. 산 중턱에는 야외 음악당, 안중근 기념관과 지금은 이전한 국립중앙도서관이 있었다.

이 도서관에는 조선총독부 도서관 소장도서 45만 권이 그대로 보관되어 있다. 식민지 시대의 귀중한 자료가 있는 곳으로 나는 몇 번이나 이곳을 들렀다. 그러던 어느 날, 소장 고서목록에서 『정호기』(征虎記)

와 『정호군 사진집』(征虎軍 寫眞集)을 발견했다. 두 권 모두 저자는 야마모토 다다사부로였다.

제목을 보고 나는 종군기사 관련 책이라고 생각했다. 군대는 맹호사단이라든가 용병단이라든가 하는 강한 이미지의 이름을 붙였다. 두 권의 책은 모두 가로세로가 20센티미터, 두께 1센티미터가 조금 안 되는 낡아빠진 책이었다.

별 기대를 안 하고 대출을 받아 『정호기』 책장을 넘기던 나는 '앗!' 하고 나도 모르게 소리를 질렀다. 두 마리의 호랑이와 엽총을 든 두 명의 남자 사진이 있었다. 1917년, 한반도에서 호랑이 사냥을 한 야마모토라는 인물이 낸 사진집이었던 것이다.

다른 책을 보니 이것도 사진집으로 내용은 완전히 똑같았다. 이런 책이 있었다니! 나는 서 있을 수 없을 정도로 다리가 떨렸다.

첫 장의 사진 속 호랑이만 황색으로 색깔이 입혀졌고, 다른 사진들은 흑백으로 총 97장의 사진이 들어 있었다. 렌즈의 오버 노출로 하얗게 된 사진, 너무 검게 된 사진도 있었으나 대부분 선명한 사진들이었다. 이것이 바로 호랑이 사냥의 산 기록이 아니더냐!

이 나라를 헤집고 다니다 거의 포기 단계에 있었는데 이렇게 생각지도 않게 귀한 자료가 나타난 것이다. 온몸이 떨려온다는 것은 바로 이런 것이리라.

이 책을 가지고 나온다면 한국인들에게 매우 혼이 날 것 같았다. 이 나라가 빛을 잃어버린 시대에 조국의 상징이라고 하는 호랑이를 쏘아 잡은 한량을 소개하는 사람이 어디에 있을까라고 질타를 받을 것 같았다. 그러나 호랑이와 표범의 잔혹한 운명을 찾아 그것을 써나가는 것이 적어도 한반도의 맹수에 대한 사죄가 될 것이다. 한국의 자연이 이렇게 풍부했던가 하고 돌아볼 수 있는 계기를 마련하여 한반도의 환경보전에도 도움이 되지는 않을까?

나는 마치 게임을 하듯 야생동물을 총으로 쏘아 잡는 사냥은 없어져야 한다고 주장해왔다. 사람과 가축에 피해가 있을 때만 조금씩 구제를 하면 된다고 생각했다. 어느 나라에서든 야생동물이 멸종하고 있어 긴급히 보호정책을 펼쳐야 한다. 이런 관점에서 『정호군 사진집』의 첫 장을 여는 것을 허락해주었으면 하는 바람이다.

권두에는 '제국호텔의 포획물 시식회'라는 사진이 있고, 다음에는 컬러사진으로 두 마리의 호랑이와 두 명의 사냥꾼이 있다. 이것이 시식회를 위해 요리된 호랑이일 것이다. 입을 반쯤 열고 긴 몸을 덧없이 나무판자 위에 얹고 있다. 엽총을 손에 쥐고 자신만만하게 서 있는 주인공은 일본인 야마모토 다다사부로였다. 이 사람은 과연 어떤 인물일까? 그 옆에 앉아 있는 사람은 호랑이를 쓰러뜨린 조선의 사냥꾼이었다.

총독부의 해수害獸대책

야마모토가 호랑이 사냥을 했을 무렵은 제1차 세계대전이 한창이었고 일본도 연합국 편에 서서 독일에 선전포고를 하고 중국의 칭다

오[靑島]를 점유하고 있었다(1914년의 일이다). 이듬해에는 만주사변을 일으켰고 21개조 요구를 중국정부에 밀어붙였다. 이때, 중국 학생들은 이 날을 '국치기념일'이라고 부르며 일본 상품 불매운동에 앞장 섰다.

영토 확대가 국가의 정의가 되었고 수많은 혈기왕성한 남자들이 어지러운 정세로 휩쓸린 시대. 세계 이권 싸움에서 밀려나서는 안 된다는 이념 하에 일본은 다음해 8월에는 시베리아로 출병을 했다. 일본은 스스로 대일본제국이라고 칭하고 식민지를 가진 서구제국의 뒤를 쫓으려 하고 있었다.

* * *

호랑이 사냥 일정표를 보자. 일행은 1917년 11월 10일, 도쿄를 출발해 시모노세키로 향한다. 야마모토와 그를 따르는 일행 12명은 경유지인 고베, 오카야마, 히로시마에서 기자들이 참가해 시모노세키에 집합했을 때는 25명으로 늘어났다. 연락선을 타고 부산으로 건너가 기차를 타고 경성(지금의 서울)으로 향했다. 경성에 도착하자 역은 환영인파로 넘쳐났으며 사진 촬영의 플래시가 몇 번이고 터져 야마모토는 개선장군과 같은 주목을 받았다.

호랑이 사냥단은 경성에서 이틀을 보냈다. 야마모토는 첫날밤 경성의 고급 호텔에서 조선총독부 야마가타[山縣] 정무총감의 초대를 받고 맹수가 이 나라 사람들과 가축들에게 끼친 피해를 들었다. 야마가타가 말했다.

　조선에서는 각지에 호랑이, 표범, 곰, 늑대 등의 맹수가 서식하고 있어 사람과 가축에게 피해를 주는 일이 흔합니다. 그래서 해수구제(害獸驅除)를 지금까지 열심히 해왔지만 총포 화약류의 규제가 필요하게 되어, 엽총의 소유와 사용을 제한하자 최근 6~7년 사이 오히려 그 피해가 증가해왔습니다. 그렇기 때문에 경무경관들은 여름 동안에는 야간에 옥외 취침을 금지했고 저녁이 되면 아동들을 밖으로 다니지 못하게 지도했습니다. 그리고 해수구제를 위하여 구덩이, 덫 설치를 허가했고 경무관헌(警務官憲, 일본 경찰을 말한다) 지도감독 하에 대대적인 사냥을 하는 등 손을 써왔습니다.

　그 중에서도 늑대에 의한 피해가 제일 큽니다. 늑대는 세퍼드 정도 크기로 민가 근처에 자주 출몰하며 생고기를 즐깁니다. 이 나라에서는 여름밤, 마당에 멍석을 깔고 자는 경우가 많습니다. 늑대는 아기 옆에서 자고 있는 엄마가 숙면에 빠지는 것을 기다렸다가 아기를 물고 사라집니다. 소학생을 습격하는 경우도 있죠.

　해수 피해가 늘어난 것은 사냥꾼의 총까지 몰수했기 때문입니다. 항일 운동을 단속하기 위해 한 것이지만 총기가 없어지자 늑대는 대담해져 아무렇지 않게 민가에 나타납니다. 총독부는 어쩔 수 없이 조선인의 총기 소지 제한을 조금씩 완화하고 있습니다.

　야마가타 정무총감은 이렇게 이야기를 하고 야마모토에게 늑대 퇴치를 부탁했다. 그러나 야마모토는 늑대 따위에는 관심이 없었다. 늑대 따위는 퇴치를 해도 화제가 될 리 만무했다. 야마모토는 진지하게 생각했다.

'조선 호랑이를 잡아 없애지 않으면 안 돼. 호랑이를 잡는 것이야말로 남자 중의 남자가 아니던가?'

일행은 25명 외에 경성에서 6명이 더 추가되어 31명이 되었다. 대부분이 기자와 카메라맨, 그리고 수행자들이었다. 〈중앙신문〉(中央新聞), 〈규슈일보〉(九州日報), 〈중외상업신보〉(中外商業新報), 〈경성일보〉(京城日報) 등 이름이 있는 매스컴들이었다. 〈매일신보〉(每日新報)의 심천풍(沈天風)이라는 필명의 조선인 기자도 있었다.

정호군의 전략

야마모토의 본대는 '정호군'이라고 불리게 되었고 깃발도 만들어 선두에서 휘날리며 행진했다. 그 뒤에는 별동대가 뒤따랐다. 야마모토는 출발 선두에 서서 이 나라의 맹수 사냥 일인자를 골라 세 명씩 8개 반을 편성해 호랑이가 많은 지역으로 보냈다. 이들 반은 본대가 함경남도 원산에 도착할 무렵에는 각자 사냥터로 흩어져 사냥을 했다. 이렇게 하면 야마모토의 본대가 아무것도 하지 못해도 어딘가의 반에서는 호랑이를 잡을 가능성이 있기 때문이었다. 야마모토는 재력으로 호랑이 사냥 망을 한반도에 걸어버린 것이다. 그는 이 조선 땅에 자신의 손발이 되어 움직이는 기관을 가지고 있는 듯 했다.

반편성을 보면 24명의 사냥꾼 중 일본인이 세 명이나 있다. 조선을 식민지로 한 지 7년밖에 지나지 않았지만 호랑이 사냥으로 유명해진 일본인 사냥꾼이 조선에 살고 있었던 것이다. 이 사실도 큰 충격이었다.

제1반부터 5반까지는 북부지역인 함경남북도를 공격했다. 그곳은 중국과 국경을 마주하고 있는 곳으로 조선 최고봉인 백두산(2744미터)이 서 있고 장백산맥, 낭림산맥, 함남산맥이 어깨를 나란히 하고 있다. 이곳의 깊은 산록은 조선에서도 미개척지로 호랑이와 표범이 살고 있다고 한다.

제7반과 8반은 부산에서 가까운 경상남도와 전라남도를 뒤지게 했다. 남서부 지역에도 깊은 산이 있어 호랑이와 표범이 출현했던 것이다. 제6반은 금강산의 곰을 노렸다. 각 반에는 호랑이를 모는 남자들인 몰이꾼이 열 명씩 붙었다. 몰이꾼은 마을사람들로 총은 가지고 있지 않았다.

11월 15일 본대의 야마모토는 자신이 장군이라도 되는 듯 많은 인파의 환송을 받으며 경성을 떠나 강원도를 넘어 북쪽에 있는 원산으로 향했다. 함경남북도로 가기 위해서는 원산으로 가야 했다. 차 안에서 동행한 기자들이 〈정호군가〉를 만들었는데, 이 두 노래 모두 일본의 침략성을 노골적으로 드러내놓고 있다.

사냥꾼의 기념사진

야마모토에게 발탁된 거물급 사냥꾼 11명의 기념사진!

원산에 모두들 모여 있을 때의 사진(이 책 100쪽)이다. 이 사진이야 말로 내가 찾으려 했던 잃어버린 시대의 것이었다!

총을 들고 있는 것은 조선의 호랑이 사냥꾼들이었다. 흰옷에 갓을 쓴 사람, 군복 같은 사냥복을 입은 사람도 있었다. 호랑이를 다룬 니콜라이 바이코프의 명작 『위대한 왕』에 등장한 사냥꾼들도 이런 모습을 한 남자들이었을 것이다.

두 번째 열 왼쪽에서 네 번째 사람은 조선 호랑이 사냥의 제일인자 강용근으로 지금까지 100마리나 되는 호랑이를 쏘았다고 한다. 찬 기운이 도는 남자인 것 같았다. 그 왼쪽으로 머리에 흰 수건을 두른 사람이 백운학이다. 백운학은 사진을 찍은 다음 며칠 후 호랑이를 잡았다. 뒷줄 중앙에 서 있는 사람으로 이 사진 속 유일한 일본인인 미야타 도미자부로 역시 큰 멧돼지를 쓰러뜨렸다고 한다. 그는 왜 앞에서 말한 반 편성의 명부에 들어 있지 않은 걸까.

총기는 구식으로 대부분이 단발 엽총에 구경이 작은 것이었다. 이런 단발총으로 호랑이 같은 거대한 맹수를 쏘는 것은 매우 위험한 일이다. 급소를 맞히지 못하면, 호랑이와 표범은 사냥꾼에게 뛰어올라 치명상을 입히기 때문이다. 부자들은 좀 더 큰 구경의 연발총을 가지고 있는데 조선 땅의 사냥꾼은 빈약한 단발총을 사용했다.

전진기지인 원산은 함경남도의 남쪽에 있으며 동해에 면해 있는 영홍만의 항구도시이고 북쪽으로 가는 요충지이기도 했다. 풍부한 목재 자원, 광물자원, 농산물 등 자연의 혜택이 많아서 일본인들이 많이 거주하고 있었다. 만 주위에 펼쳐진 안변(安邊)의 밭에는 늦가을이 되면 러시아와 중국 동북부에서 번식하는 학이 큰 무리를 지어 건너온다. 안변의 광대한 논밭지대는 지금은 학을 위해서 북한이 보호하고 있다.

다음날인 16일, 야마모토의 본대는 원산을 떠나 2시간 뒤 고산역에 도착했다. 함경남도의 신(申) 도지사가 군복에 검을 차고 나와 환영을 했다. 역 앞에는 환영문을 만들어 세웠다. 야마모토는 목둘레에 모피를 두른 오버코트를 입고 도지사 옆에 섰다. 도대체 어떤 신분의 사람인 것일까? 일본 전통 장식을 두른 천막으로 꾸민 야외 파티장이 만들어지고 조선에 거류하는 일본인들과 차와 술을 마시고 흥겨워하는 사이 상공에 커다란 새 세 마리가 날아와 선회했다.

'오! 학이구나, 학이야!'

야마모토는 길조라며 큰소리로 말했다. 그러나 여기서 학은 그리 신기한 새가 아니었다. 많은 사람들은 소리를 내지 않았다.

* * *

드디어 깃발을 선두로 50여 명의 정호군이 출발했다. 야마모토는 몸집이 작은 조선말을 탔다. 헌병들이 경호하면서 따라붙었다. 이것은 야마모토가 중요한 인물이라는 뜻일 것이다. 8킬로미터 정도 가서 마남령 산록에 도착했다. 안내인 혼다가 이 산에 표범이 있기 때문에 첫 사냥이 될 것이라고 했다. 혼다는 이 지방을 잘 아는 사냥꾼이었다.

마남령은 거인이 투구를 쓴 것 같은 모양의 산으로 그 뒤에는 깊은 산들이 연속해서 있었다. 몰이꾼들을 투입하여 깊은 산속을 뒤지게 하자, 바로 노란색 털이 나타났다. 호랑이였다! 누군가 곧바로 총을 쏘았으나 너무 멀어서 맞지 않았다. 호랑이는 어딘가로 사라져버렸다. 순식간에 일어난 일로 호랑이를 놓쳐버린 것이다. 거기서 8킬로미터를 더 걸어 저녁 무렵, 수동면의 미둔리에 도착했다. 스물세 가구가 덕지강 주변에 모여 있는 쓸쓸한 마을이었다.

야마모토 일행은 민가에 나누어서 묵기로 한다. 야마모토가 묵은 곳은 마을에서 제일 좋은 집인 듯하다. 집은 ㄷ자 형태로 돌 지붕이었다. 집 주변은 토담으로 둘러싸여 있고 출입문에도 작은 지붕이 달려 있었다. 출입문을 닫아 밤에는 호랑이와 늑대, 도적들을 막는다고 한다.

야마모토는 마당에 큰 항아리를 두고 뜨거운 물을 받게 한 다음 목욕을 했다. 추운 북쪽 땅에서 혼자서 목욕을 하며 상쾌함을 느끼려는 것이었다. 조선에는 목욕탕이 없고 사람들 앞에서 전라로 있는 것을 야만적인 것으로 생각했다. 집주인 가족들은 이런 야마모토를 보고 혼비백산했을 것이다.

항아리에서 나온 야마모토에게 주어진 방은 가로세로가 2.7미터도 되지 않는 작은 방이었다. 온돌방은 작은 편이 열효율이 좋기 때문이다. 미둔리는 고원역에서 16킬로미터나 떨어진 깊은 산간마을로 밤에는 등 하나 없었다. 야마모토는 다음날 있을 호랑이 사냥 생각에 흥분하여 쉽게 잠들 수 없었다. 깊은 산에서 부는 밤바람은 피에 굶주린 괴수의 신음소리와도 같았다.

도망간 검은 괴수 두 마리

이튿날인 17일, 오전 7시 반에 출발하여 6킬로미터를 이동 방화동에 도착했다. 이곳은 정성봉 산록에 있는 마을로, 정성봉은 하늘을 찌를 듯한 바위가 몇 겹이나 겹쳐져 있다. 여기서는 반을 두 개로 나누어 사냥하기로 한다. 야마모토는 헌병들의 호위를 받으며 산 정상에 올랐다. 두 명의 마을사람들이 도시락과 야마모토의 옷가지 등을 등에 지고 올랐다. 험한 바위산에서 야마모토는 너무 힘들어 2연식 총과 총대까지 헌병들에게 들게 하고 정상을 향했다.

사냥꾼은 각자 바위 틈새에 숨어 호랑이가 나타나기를 기다렸다. 몰이꾼들은 아득한 저 아래에서 반원형으로 흩어져 배치되어 있었고, 기자들은 맞은편 언덕에서 절정의 순간을 기다리고 있었다. 바람 한 점 없는 맑은 날, 총소리를 시작으로 흰옷의 몰이꾼들이 움직이기 시작했다.

몰이꾼들은 소리를 지르며 바위산의 나무 사이를 헤쳐 나갔다. 산 정상에 있는 몰이꾼은 위에서 돌을 던졌다. 돌은 바위에 부딪치며 계곡 밑으로 떨어지면서 시끄럽고 큰 소리를 냈다. 이런 방법으로 숨어 있는 호랑이와 표범을 끌어내는 것이, 바위산에다가 기복이 심한 이

나라의 몰이 방법이다.

갑자기 산허리 부분에서 두 마리의 검은 물체가 나타났다. 검은 물체는 주위를 살피더니 사람들이 없는 쪽으로 도망쳤다. 커다란 멧돼지 같았다. 이후로는 아무것도 나타나지 않고 적막했다.

몰이꾼들에게 점심을 주고 잠시 쉰 뒤, 다음 계곡으로 이동했다. 다시 몰이꾼들의 호랑이 모는 소리가 울려 퍼지고 돌과 바위가 굴러 떨어지는 소리가 천둥이 치듯 났으나 호랑이는 나타나지 않았다.

산 정상에서 야마모토는 6연발의 대형 권총을 손에 쥐고 그를 따르는 사람들과 함께 사진을 찍었다. 호랑이가 나오지 않아서 낙담한 사냥꾼과 몰이꾼들을 위로하며 산을 내려와 다시 미둔리에 묵었다.

다음날 아침, 촌장과 흰옷을 입은 마을사람들의 환송을 받으며 출발했다. 저녁 무렵 고원역에서 영흥으로 가는 열차를 타려 하자 전보가 왔다. 제5반의 기쿠타니가 함경남도 영흥군 선흥면 용신리의 산에서 약 2.1미터나 되는 표범을 쏘아 잡았다고 했다.

야마모토가 매우 기뻐하자 그때, 혼다가 고라니 한 마리와 여러 마리의 꿩을 열차에 던지고 다시 야밤의 산속으로 모습을 감추었다.

'표범이든 호랑이든 한 마리라도 잡지 못하면 다시 뵐 면목이 없습니다'라고 붉게 충혈된 눈으로 말하는 듯했다.

영흥역에는 기쿠타니가 쏘아 잡은 표범이 차갑게 식은 채 도착해 있었다. 야마모토는 매우 기뻐하며 표범과 고라니와 함께 기념사진을 찍었다. 역 앞에는 수백 명의 일본인과 조선인들이 환영을 나왔다. 저녁의 소학교 교정에는 많은 등을 달았고 군청사람들과 마을사람들이 섞여서 환영회를 열었다. 영흥군의 곽 군수가 유창한 일본어로 정호군을 환영하고 호랑이와 표범의 퇴치 없이는 지역 발전도 없다고 의견을 펼쳤다. 주민들을 동원한 환영회는 그야말로 성대했다.

19일은 영흥을 가로질러 흐르는 용흥강에서 기러기를 사냥하고 정자리를 방문했다. 여기저기 민둥산이 많았지만, 이곳에는 커다란 노송림이 있고 숲 가운데에는 조선왕조 발상지 터와 함께 대리석 비가 세워져 있었다. 그러나 유서 깊은 회랑은 황폐해졌고 담도 무너진 그대로였다.

탄광의 대주주

숙소로 돌아와 먼저 도착한 기쿠타니에게 사냥 무용담을 들었다.

16일, 기쿠타니는 원산에서 북쪽으로 40킬로미터 정도 떨어진 영흥군 용신리 산에서 표범 발자국을 발견했다. 다음날 진형을 멀찍이 둘러싼 진형으로 하고 몰이꾼들을 배치해 11시부터 몰이에 나섰는데, 오후 3시경 기쿠타니에게서 90미터 정도 떨어진 곳에서 표범 한 마리가 뛰쳐나왔다.

한 방에 잡으려는 각오로 총을 쏘자 총알은 발에 맞았다. 그러나 표범은 다시 기운차게 일어나 돌진해왔고, 이어 조선인 사냥꾼이 두 번째 총을 쏘았다. 총알은 오른쪽 둔부를 꿰뚫었으나 표범은 쓰러지지 않고 그르렁거리며 다가왔다. 사냥꾼이 나무에 재빨리 오르면서 피하자 표범도 따라 올라가서 사냥꾼을 덮치려고 했다. 그때 기쿠타니가 옆에서 머리를 맞혀 표범을 사살했다.

기쿠타니는 영흥에 살고 있는 예비역 상등병으로 1년에 호랑이 다섯 마리, 표범 두 마리를 잡은 적이 있다고 한다. 굉장한 사냥꾼인 것이다. 그날 밤, 야마모토는 원산으로 돌아와 묵었다.

* * *

영흥에서 북쪽으로 가려면 철로가 없기 때문에 배로 가지 않으면 안 되었다. 북쪽으로 가는 배를 기다리는 3일간, 보트를 타고 물새를 사냥했고 밤에는 고라니를 먹었고, 하루는 석왕사를 둘러보고 쉬었다. 이 나라 절은 산속 깊은 곳, 경치 좋은 곳에 있다. 석왕사는 계곡에 있으며 기와지붕을 얹고 있었다. 꽤 큰 규모의 절이었다. 다시 숙소로 돌아와 쉬고 있으니 제3반의 백운학이 약 2.1미터나 되는 암호랑이를 잡았다는 전보가 도착했다.

"드디어 잡았구나! 잘했다! 잘했다!"

야마모토는 너무 기뻐 환성을 질렀다. 대원들도 기뻐했다.

22일, 원산을 출항해 북으로 향했다. 다음날 아침 7시 함흥에 도착했다. 이곳은 도청 소재지로 도청 사람들과 민간인들이 많이 모여들어 환영해주었다. 홍백의 천으로 장식을 한 환영문과 일장기가 펄럭였다. 함흥평야는 서리로 아주 하얗다.

제3반에 이어 제1반도 호랑이를 잡았다는 전보가 들어와 모두가

의기양양했다. 두 마리의 호랑이를 북동쪽으로 60킬로미터 떨어진 신창항으로 옮긴 다음 기다리라고 지시했다.

23일 오후, 함흥시 공원에서 환영 파티가 열렸고 흰옷을 입은 네 명의 기생이 야마모토 앞으로 나와 춤을 추었다. 야마모토는 어디를 가도 희한할 정도로 환영을 받았다. 왜일까?

24일 아침, 석탄을 나르는 협궤열차에 올랐다. 도중에 열차에서 내려 말로 갈아타고 탄광으로 향했다. 강 주변 길에서 몇 번이나 기러기 떼가 날아올랐고 야마모토는 총을 쏘았다. 환영 일색인 탄광에 도착해 갱내를 시찰했다. 중노동을 하는 사람들은 조선인들이고 반장과 협궤열차 감독만이 일본인이었다.

이곳의 석탄은 열효율이 높기로 유명했다. 시찰을 끝내자 조선인 학교 학생들이 일렬로 늘어서 야마모토 일행을 환영했다. 교사는 일본인으로 군복 같은 제복에 허리에는 서양 칼을 차고 있다. 이 나라를 무력으로 병합한 총독부는 교사와 관청 사람들에게 칼을 차게 한 다음 민중을 통치했다.

25일, 야마모토는 신(申) 함경남도 지사와 오가와[小河] 경무부장의 초대를 받아 도청에서 점심을 했다. 히시다[菱田] 제1 부장으로부터는 함경남도 산업에 대해 설명을 들었다. 밤에는 함흥탄광회사 주최의 파티가 열렸고 야마모토는 주최자 자리에 앉았다.

"회사의 대부분은 나의 출자로 된 것이지."

야마모토는 함흥탄광의 대주주였던 것이다!

이제 겨우 야마모토의 정체를 알게 되자 왜 그렇게 각지에서 환영인파가 몰렸는지 납득이 되었다. 단순한 맹수 사냥을 환영한 것이 아니고 대실업가를 기쁘게 해서 투자를 기대했던 것이었다.

호랑이를 쓰러뜨린 사냥꾼에게 은잔을

호랑이를 쏜 백운학으로부터 보고가 들어왔다. 백운학은 제3반의 주장으로 지난 10일, 여기서 북동쪽으로 약 200킬로미터 떨어진 함경북도 성진에 상륙했다. 거기서 40킬로미터 더 들어간 산에 주둔하고 있는 헌병으로부터 학서면의 한 마을에 사나운 호랑이가 출몰해 사람과 가축에게 피해를 준다는 정보를 들었다. 현지는 함경남도와 경계 지역이었다.

거기서 학서면 안쪽인 남운령으로 가 인적이 거의 없고 눈이 많이 쌓인 산을 찾아 20일 오후 4시, 생긴 지 얼마 되지 않은 호랑이 발자국을 발견했다. 백운학과 부대원인 세 명의 사냥꾼들은 산 정상에서 갈라졌고 몰이꾼 10여 명이 산 밑에서 몰이를 시작하자 산허리의 나무숲에서 호랑이 한 마리가 나타났다. 호랑이는 산 정상을 향해 질주하려고 했다. 백운학은 호랑이와 40보 정도의 거리를 유지하며 세 발을 연달아 쏘아 숨을 끊어놓았다.

호랑이 사냥의 명인이라고 불리는 강용근으로부터는 아직 연락이 없었다. 제2반은 북청의 바위굴에서 호랑이 새끼 두 마리를 발견했으나 놓쳐서 어미 호랑이 흔적을 찾아 쫓다가 멧돼지 두 마리를 잡았다고 했다. 현지는 적설량 60센티미터, 기온은 영하 22도였다.

26일 야마모토 본대는 다시 배에 올라타 북으로 향했다. 전라남도의 제7반으로부터는 광주의 동쪽인 대음산 부근에서 호랑이 한 마리를 발견하고 추적 중이라는 전보가 왔다.

"모두들 열심히 하고 있군, 좋았어."

야마모토는 기분이 좋았다.

거친 바다를 헤쳐 오후 7시, 함경북도의 쓸쓸한 신창항에 도착했다. 앞이 보이지 않을 정도의 어두운 어촌에 잡은 호랑이 두 마리가 도착했다. 불을 밝히고 숙소 마당에 널브러진 호랑이를 보았다.

"잘했어, 아주 잘했어!"

야마모토는 감격했다.

호랑이는 백운학과 제1반의 최순원이 잡은 것으로 군데군데 얼어 있었다. 호랑이 옆에는 거대한 멧돼지도 놓여 있었다.

그날 밤, 최순원을 숙소로 불러 이야기를 들었다. 최순원은 쉰 살 정도로 작은 체구의 남자이지만 눈빛은 날카로웠다. 그는 함경남도 신포에 도착해 북청, 이원을 지나 죽암동에 도착했다. 부하로는 잘 알고 있는 한 씨와 박 씨를 데리고 갔다.

최순원은 12일부터 산을 헤맸으나 호랑이의 흔적은 없었다. 13일, 죽암동에서 8킬로미터 떨어진 곳에서 호랑이 발자국을 발견하고 뒤쫓아 갔으나 단천군 경계지역이 나타났고 게다가 해가 저물고 있었다. 14일, 다시 새벽부터 뒤를 쫓으며 상수리나무로 뒤덮인 산으로 들어갔다. 산허리에 거대한 바위가 놓여 있어 한낮에도 어두컴컴한 계곡에서 부하인 한 씨가 호랑이를 발견했다.

300걸음 정도 떨어진 거리였으나 한 발을 쏘자 등에 맞았다. 호랑이는 무시무시한 소리를 내며 가까운 바위굴로 뛰어 들어가버렸다. 바위굴은 직경이 60센티미터 조금 안 되었고 커다란 바위의 밑 부분에 있었다. 바로 몰이꾼들을 불러 입구를 막으려고 했으나 모두들 도망가버렸다. 최순원은 어쩔 수 없이 혼자서 돌을 굴려 입구를 막았다.

자, 여기서 바위굴 측면에 구멍을 뚫지 않으면 호랑이를 꺼낼 수가 없었다. 최순원은 산 밑으로 내려가 석공을 찾았으나 호랑이를 끄집어내는 일이라고 모두들 거절했다. 겨우 큰돈을 지불하겠다는 약속을 하고 중국인 석공 한 명과 인부 열 명을 고용해 바위굴을 파괴하기 시작했다. 같은 작업을 나흘 동안 반복한 20일 저녁, 드디어 바위굴 측면에 작은 구멍을 뚫었다.

다음날 아침, 그 구멍을 들여다보자 조금씩 움직이는 무언가가 있었다. 횃불을 밝혀 안을 비추고 두 번째 총알을 쏘자 호랑이 머리를 관통했다. 인부를 굴 안으로 들어가게 했으나 아무도 들은 척을 안 했다. 다시 한 발 더 쏘아 인부를 안심시켜 겨우 호랑이를 굴 밖으로 끄집어낼 수 있었다.

호랑이를 한 마리 잡는 것은 이렇듯 간단한 일이 아니다. 총알에 맞고 굴 안으로 뛰어 들어간 것을 끄집어내는 데 7일이나 걸렸기 때문이다.

야마모토는 최순원의 무용담에 감동해 은잔을 주기로 했다. 거기에 잔 가득 술을 따라 건네자 최순원은 공손하게 잔을 비웠다. 그리고 은잔을 품에 넣고 기쁜 얼굴로 돌아갔다.

가토 기요마사의 침략 후

26일, 야마모토는 말을 타고 해변에서 가까운 북청으로 향했다. 하늘은 맑았으나 길 주변의 실개천은 빙하처럼 언 상태였다. 바람에 하얀 입김이 흩어졌다.

북청에 도착하자 여기에도 환영문이 세워져 있었다. 마중 나온 사람들은 흰옷에 갓을 쓴 사람들이 많았다. 이 나라 전통복장으로 마치 조선시대로 돌아간 느낌이다. 갓은 말 꼬리를 엮어 만든 것이다. 북청은 질서정연한 마을로 옛날에는 중국 북동부를 지배했던 여진족의 청해성이 있었다. 지금은 남아 있는 성벽에 소나무만이 자라고 있다.

임진왜란 당시, 가토 기요마사는 이곳에도 군사를 이끌고 왔다. 야마모토는 감격했다. 이렇게 먼 북쪽까지 쳐들어온 가토 기요마사를 존경하는 의미로 야마모토는 성터에 깊이 머리를 숙였다. 가토는 호랑이를 잡아 그대로 소금에 절여 도요토미 히데요시에게 보냈다. 관청 사람들의 말에 의하면, 지금도 여기에는 야음을 틈타 호랑이와 표범이 사람과 가축을 습격하기 때문에 방심해서는 안 된다고 했다.

28일, 북청의 숙소를 떠나 걸어서 중평리로 향했다. 함흥에서 경호로 파견되어 온 헌병 7~8명이 노덕면의 해수를 꼭 사냥하고 싶다고 했다. 그리고 각각 총을 들고 산으로 들어갔다. 6킬로미터를 걸어 중평리에 도착했다. 여기서부터 북쪽의 압록강까지는 산과 산의 연속으로 인가는 없다. 병풍처럼 솟아오른 바위산 밑에 찰싹 달라붙어 있는 중평리는 채 열 가구도 되지 않는 쓸쓸한 마을이었다.

점심을 먹고 있는 와중에 대덕산에 미끼로 내놓은 돼지가 잡아 먹혔고 그 옆에 커다란 호랑이 발자국이 있다는 급보를 받았다. 바로 식사를 중단하고 험한 산으로 향했다.

길은 양의 소장같이 좁고 구불구불한 데다 눈까지 쌓여 있어 좀처럼 산등성이를 나갈 수가 없었다. 드디어 계곡 쪽으로 나오자, 눈앞의 바위에 다섯 마리의 노루가 유유히 걷고 있었다. 모두들 바로 난사를 했으나 한 발도 맞지 않았다. 노루는 숲속으로 사라지고 말았다.

오후에 올라간 산이어서 해가 지는 것도 빨랐다. 뒷일은 내일로 미루고 산 밑으로 내려오자 또 두 마리의 노루가 나타났다. 역시 얼른 쏘았으나 노루는 재빨리 도망쳐버렸다. 아깝게 빈손으로 숙소로 돌아오자 헌병대도 수확 없이 빈손이었다.

29일 새벽에 일어나 아침으로 전날 저녁에 남은 차가운 조선 쌀밥과 장아찌를 먹고 동덕산으로 들어가기로 했다. 갑(甲)대인 기자들은 산 왼편에서 오르기 시작했고, 을(乙)대는 인부를 데리고 서쪽 고개를 올랐다. 헌병대는 북쪽에서 산을 올랐고, 정호군기를 휘날리고 있는 야마모토 부대는 정면으로 산 정상을 향했다.

군화 소리에 놀란 꿩이 뛰어 날아올랐으나 아무도 눈길조차 주지 않았다. 산 중턱은 눈으로 뒤덮여 있었다. 갑대 뒤를 십여 마리의 노루가 줄지어 가고 있었다. 험한 바위산이라 한 발자국이라도 헛디디면 절벽으로 떨어지는 위험한 곳이었다. 사방에서 총을 쏘아 겨우 노루 한 마리를 잡았다.

동덕산(750미터)은 광대한 북청평야에 우뚝 솟아 있다. 정상은 바위가 그대로 드러나 있었는데 곳곳에 소나무와 단풍나무가 자라고 있었다. 산 정상 가까운 곳에 바위굴이 하나 있었다. 직경은 60센티미터 정도로 호랑이굴이라고 한다. 주변의 눈 위에 희미하게 맹수의 발자국이 있었고 바위굴 속에서는 피비린내 나는 바람이 불었다. 으스스한 기분이 들었다.

호랑이 백 마리를 잡은 남자

산 정상에서 정호군기 밑에 모여 모두들 휴식을 취하고 있자, 을대에서 노루 두 마리를 잡았다는 연락이 왔다. 여기에서 북쪽, 귀락령에 있을 제1반의 사냥터로 가려 하자 사냥감이 없어서 다른 곳으로 이동한다는 제1반의 전언이 들어왔다.

제1반 주장인 강용근은 백두산 중턱에서 신갈나무, 잎갈나무 등이 자라고 있는 울창하고 광대한 삼림 속을 걷고 있었다. 여기저기 커다란 잣나무도 많이 있었다. 잣이 열리면 그 밑으로 멧돼지와 붉은 사슴이 모여들고 그것을 노린 호랑이와 표범이 출몰한다. 그러나 일본의 업자가 현지 조선인을 부려 발 닿는 곳마다 채벌을 해 통나무를 쌓아 올렸다. 이렇게 채벌한 나무를 해안까지 보내 일본으로 운반하려는 것이다. 작년까지는 야생동물의 발자국이 많았는데 나무가 모두 베어진 설산에는 발자국이 없었다. 야생동물들의 삶도 거대 자본이 지배하게 된 것 같았다.

강용근과 부대원들은 함경북도에서 함경남도의 2개 군(郡), 때로는 광대한 삼림이 남아 있는 적목령에서 귀락령, 후치령의 산들을 십수일에 걸쳐 사냥을 하며 다녔으나 결국 호랑이나 표범은 찾을 수 없었다. 이번에는 남쪽에서 사냥감을 찾기 위해 북청의 마을에 들렀기 때문에 노루 세 마리, 산양 세 마리를 선물로 들고 와서 인사드리고 간다고 했다.

제1반이 이동한다면 야마모토가 제1반이 있던 곳으로 가도 소용이 없었다. 그날 밤, 북청의 숙소에서 만나자고 전령을 보내고 산을 내려왔다. 야마모토는 지팡이를 사용하고 있었다. 거대한 바위들이 굴러다니는 바위산에서 내려가는 것도 보통 일이 아니었다.

동덕산을 내려오자, 금강산으로 향했던 제6반과 동행한 기자들이 기다리고 있었다. 이 6반은 곰을 잡을 계획이었으나 수확이 없었다. 우뚝 솟아 있는 금강산 사진만 잔뜩 찍어왔다. 금강산은 명성 높은 경승지이다.

남쪽의 제7반 곤도로부터 26일, 전라남도에서 수호 한 마리를 잡았다는 보고가 있었다. 과연 수호는 어떤 동물일까?

그날 밤 숙소에서 강용근, 이윤회와 만났다. 제1반과 제2반의 주장들이다. 강용근은 52세로, 햇볕에 그을린 얼굴로 눈빛이 날카롭고 키가 크다. 콧수염이 듬성듬성 난 강용근은 노루 가죽으로 만든 사냥복을 입고 있다. 잘 알고 있다고 자부한 백두산에서 호랑이 발자국도 발견하지 못해서 기운이 없었다.

조선 제일의 호랑이 사냥 명수로, 함경북도 지사의 추천을 받아 발탁한 강용근은 수확물이 없다는 사실에 치욕을 느끼며 입을 굳게 다물었고 눈물까지 보일 기세였다. 동석한 사냥꾼들도 말이 없었다. 옆에 이윤회가 있다. 이윤회는 44세로, 강용근보다 키는 조금 작으나 침착함에서는 최고였다. 술을 권했지만, 두 명 모두 많이 마시지 않고 일본인 단장의 기대에 부응하지 못했다는 사실에 자리에 거의 앉아 있지 못했다. 두 명 모두 깊은 밤인데도 묵지 않는다고 했다. 총을 어깨에 메고, "마지막 날까지 적어도 호랑이 한 마리를 잡읍시다"라고 말하며 그대로 야밤의 산으로 들어갔다.

산을 민둥산으로 하면 호랑이도 표범도 없어진다는 것을 그들은 알고 있었다. 그러나 굳게 입을 다물었다. 야마모토의 회사에 목재사업 부문이 있어서가 아닐까?

30일, 야마모토 부대는 걸어서 북청을 나와 반나절 정도 기러기와 청둥오리 사냥을 했다. 야마모토의 사냥은 이것으로 끝이 났다.

12월 1일, 신창으로 들어가자 제4반의 미야타가 29일에 커다란 멧돼지를 쏘았고, 제5반의 기쿠타니가 함경남도 영흥군 인흥면 철산리에서 중간 크기의 곰을 잡았다는 보고가 전해졌다. 기쿠타니는 이미 16일에 표범을 잡은 업적이 있다.

수호는 무엇인가?

2일, 원산항으로 들어가 다음날인 3일에는 기차에 호랑이, 표범, 곰, 노루, 산양 등을 산더미처럼 쌓은 다음, 해가 저물고 나서야 경성

역으로 돌아왔다. 20일 만의 귀경이었다. 신문이 연일 보도를 했기 때문에 정호군과 포획물을 보려고 많은 시민들이 모여들었다. 폭죽이 터지고 조선 음악대의 떠들썩한 연주가 흐르는 가운데, 카이젤 수염을 한 야마모토는 가슴을 펴고 환영 나온 장관들과 사진을 찍었다.

대단한 사냥을 한 것 같으나 야마모토 자신이 산 정상에 오른 것은 딱 네 번뿐이었다. 호랑이 사냥은 마남령과 정성봉에서 한 하루하고 반나절뿐, 나머지는 노루를 쫓았다.

이것과는 대조적으로 환영회는 가는 곳마다 성대하게 열렸으며, 야마모토는 경성의 조선호텔에서 야마가타 정무총감을 주빈으로 경성의 명사 120명을 초대해 포획물 시식회를 열었다. 호랑이 사냥에 비해 압도적으로 연회의 수가 많았던 것이다. 야마모토의 호랑이 사냥은 정치적인 퍼포먼스라고 해도 좋을 듯 싶다.

호텔에 도착한 야마모토는 남쪽에서 보내온 수호를 보았다. 제7반의 기념사진을 보면, 수호는 커다란 표범인 것 같다. 왜 이것이 수호인가? 수호라는 것은 100년에 한 마리, 50년에 한 마리 나올까 말까 한 아주 희귀한 것으로 호랑이와 표범의 혼혈이라고 한다.

곤도는 11월 15일부터 전라남도 능주로 들어가 천태산(479미터)에 호랑이가 출몰한다는 정보를 들었다. 천태산은 나주, 화순, 장흥 이세 군(郡)에 걸쳐 솟아 있는 깊은 산이다. 이틀간 이곳을 뒤졌고 산 정상 가까운 곳에 호랑이굴을 발견해 안을 들여다보자, 두 마리의 짐승이 숨어 있었다. 밖에서 총을 쏘니 두 마리 모두 뛰쳐나왔다. 늦게 나온 짐승을 뒤에서 쏘자, 흥분을 하며 공격을 해왔다. 한 발 더 쏘아 머리를 관통시키고 다가가니 수호였다.

수호는 표범과 닮았으나 무늬가 다르다. 잡은 놈은 몸길이가 약 2.85미터로 모피는 매우 아름다웠다.

달아난 한 마리는 굴에서 나올 때, 옆에 있던 몰이꾼의 머리를 물어 전치 1주에 해당하는 상처를 입혔다. 사진을(이 책 151쪽) 보면 머리에 붕대를 감은 젊은 사람이 찍혀 있다. 큰 상처이지는 않을까? 젊은이의 얼굴이 부어 있었다. 호랑이와 표범의 발톱에 당하면 시름시름 중병이 되어 앓는다고 한다. 발톱의 화농균이 몸으로 들어오면 고열이 나고 뇌막염이 되기도 한다. 항생물질이 없던 시대, 이 사진 속 젊은이가 가벼운 상처로 끝났을지 신경이 쓰였다.

수호를 쏜 곤도는 어떤 인물인지 설명이 없었다. 기쿠타니와 같은 예비역 군인으로 사냥 마니아가 아닐까? 전라남도의 산들을 마구 헤집고 다니며 호랑이와 표범을 몇 마리나 쏘아 잡은 것으로 이름이 높아 발탁되었을 것이다. 사진 한가운데 서 있는 사람이 그인 것 같다. 빡빡 민 머리를 보면 군인인 것으로 보인다. 나이는 한 30세쯤 되었을까?

흑백사진으로는 영흥의 표범도 능주의 표범도 같아 보이지만 수호의 꼬리가 굵어 보이며 더 큰 것 같다. 한국의 여러 사람들에게 수호를 물어봤으나 이에 대해 아는 사람이 그 누구도 없었다.

멸종위기에 처한 백두산 호랑이와 표범

6일 이른 아침, 정호군은 경성의 남대문역을 떠나 일본으로 떠날 채비를 했다. 포획물은 기차 화물칸 한 칸을 가득 채울 정도였다. 출발하기 바로 직전에 제5반의 혼다가 늑대 한 마리를 잡아왔다. 화물칸에 실은 포획물을 정리해 보면, 호랑이 두 마리, 표범 한 마리, 수호 한 마리, 곰 한 마리, 멧돼지 세 마리, 산양 다섯 마리, 늑대 한 마리, 노루 아홉 마리, 다수의 기러기와 청둥오리, 꿩이 있었다.

이상은 기록에 있는 것으로 각 반이 사냥한 포획물 기록은 따로 없다. 이 외에도 많이 잡아서 쌓아 올리지 않았을까? 야마모토의 호랑이 사냥은 대성공이라고 보도되었고 야마모토는 으스대며 다녔다.

그러나 호랑이 사냥의 명인으로 불린 강용근은 당시 호랑이가 매우 많이 있다고 알려진 백두산 부근, 함경남북도의 산들을 십수 일을 찾아다녔지만 결국에는 호랑이의 기척조차 없었다고 했다. 알고 있는 호랑이굴을 몇 군데나 가보았지만 발자국도 없었던 것이다.

제2반의 이윤회는 북청의 산에서 바위굴에 있던 새끼 호랑이 두 마리를 놓쳤다. 거기에는 어미 호랑이도 있었다. 야마모토는 처음에 들어간 함경남도 마남령에서 호랑이 비슷한 것을 보았다. 노덕면에서는 돼지가 잡아 먹혔고, 동덕산에서는 동굴 주변에 발자국이 있었으나 호랑이인지는 확실치 않았다.

1917년경에는 한반도에서 호랑이도 표범도 급격히 멸종해가고 있다는 사실을 정호군의 기록으로부터 알 수 있다. 간신히 남은 호랑이를 호랑이 사냥의 명인이 쫓아다녔다. 영흥에 정착한 일본인 기쿠타니는 1년에 다섯 마리의 호랑이를 쏘았고 곤도, 혼다, 미야타도 있었다. 그들의 남획을 생각하면 암담한 기분이 든다.

이 외에 『일본역사 사진집』(1911년판)을 보면, 1910년 12월 전라남도 불갑산에서 오노 츠루헤이[小野鶴平], 아라카와 스에키치[荒川末吉]라는 일본인이 150킬로그램이나 되는 맹호를 쏘았다는 사진이 실려 있다.

한 달에 걸친 호랑이 사냥에는 19명의 기자가 동행했고, 송창양행 본사와 지점에서 10명의 직원이 수행했다. 사냥꾼은 모두 24명, 몰이꾼은 약 150명에 달한다. 얼마나 많은 비용이 들었는가 짐작도 가지 않는다.

여기에서 이제 야마모토의 정체가 드러난다. 송창양행이라는 회사 사장으로 선박회사와 탄광회사를 경영하고 있으며 틀림없이 목재도 취급하고 있었을 것이다. 본사는 동경에 있으며 조선 땅 각지에 지점을 두고 큰 사업을 하고 있었던 것이다.

한국일보의 특종

야마모토가 손에 넣은 포획물인 호랑이와 표범의 모피는 어떻게 되었을까? 그가 가져간 것은 엄동설한을 나는 겨울철 털이어서 매우 훌륭한 모피임이 틀림없다. 적어도 카펫이 되어 사장실이나 자택 응접실을 장식했을 것이다. 희귀한 동물이라 여겨지는 수호와 함께 가보가 되어 있지는 않을까? 그러나 야마모토의 자손을 찾는 것은 넓은 사막에서 바늘 한 개를 찾는 것과 같은 것이었다.

1986년은 호랑이 해여서, 정초에는 신문과 잡지에 호랑이 관련 이야기들이 많이 실렸다. 그러나 내가 기대한 동물학적 기사는 적었다. 한국의 호랑이에 대해서 쓴 것은 없었다. 역시나 한국 호랑이는 화제성이 사라진 것이다.

1월 중순, 돌연 나고야 NHK의 PD가 나를 방문했다. 호랑이 취재로 한국 여기저기를 다녔는데 가는 곳마다 엔도라는 일본인이 왔다갔다는 말에 놀랐다고 했다.

"게다가 1월 7일자 〈한국일보〉에 말이죠. 엔도 선생님의 조사가 선생님 얼굴 사진과 함께 기사로 나왔어요. 한국 호랑이의 멸종은 일제의 남획에 의한 결과라고요."

〈한국일보〉는 한국의 4대 신문 중 하나이다. 그 신문 사회면에 내가 조사한 호랑이 자료가 기사로 나왔다는 것은 서울의 원병오 교수에게 이미 들어서 알고 있었다. 원 교수가 내가 발견한 총독부 해수구제 자료를 기반으로 강연을 했고 특종이 된 것이다. 호랑이까지 일제에 의해 멸종했다며 한국에서 다시 한 번 화제가 되었다고 한다.

"한 번 더 조사한 것을 말씀해주시겠습니까?"라며 피디는 〈역사 다큐멘터리〉라는 프로그램에 대해 설명했다.

나고야의 도쿠가와[德川] 미술관에 가토 기요마사가 잡았다고 알려진 대소 사이즈 호랑이 두 마리의 두개골이 있다며 그 경로를 찾아 한국 각지를 취재하며, 일본의 자료도 검증하고 싶다고 했다.

역사 다큐멘터리는 역사상의 통설에 있음직한 의문을 찾아 영상으로 그 수수께끼를 쫓는 재미있는 프로그램이어서 나 또한 팬이기도 했다.

"도쿠가와 미술관의 호랑이 두개골은 가토 기요마사가 도요토미 히데요시에게 헌상한 것으로 알려져 왔으나 그 역사적 사실을 파고 들어가면 …… 가토의 군대가 공격한 곳을 되짚어가니 한국의 겨울 시골풍경을 소개하게 됩니다. 지금까지 이런 르포가 없었죠."

"임진왜란을 반성하는 차원에서도 매우 좋은 일이네요. 한일 우호를 위해서도 좋은 일이 될 거예요."

나는 일본이 한국을 지배한 시대의 해수구제 자료를 보여주었다.

호랑이와 표범의 구제작전

조선총독부가 행한 맹수구제 기록은 서울 국립중앙도서관에 보관되어 있다. 《조선휘보》(朝鮮彙報)라는 총독부가 발행한 잡지에는 1915년과 1916년 호랑이, 표범, 곰, 늑대 등에 의한 피해와 구제수가 실려 있다. 1915년에 호랑이에게 당한 조선인이 8명, 다음해에는 3명이나 있었다. 내지인이라고 하는 일본인 1명도 호랑이에게 당했다.

늑대에게 당한 사람은 113명으로 말과 소는 340마리나 되었다. 큰 피해임이 틀림없었다.

이에 일제의 구제작전이 실행되었다. 1915년에는 경찰관과 헌병이 3,321명, 공무원이 85명, 사냥꾼이 2,320명, 몰이꾼이 91,252명으로 무려 4,220일이나 동원되었다. 구제된 호랑이는 11마리, 다음해에는 13마리였다. 표범, 곰, 늑대의 포획 수는 비극적이었다. 1915년에는 표범이 95마리, 전년도는 곰이 261마리, 늑대 122마리로 현재 한국의 산야에 이들이 거의 없다는 것을 생각하면 믿을 수 없는 숫자였다.

이런 대규모 구제작전이 한국의 호랑이와 표범을 멸종시킨 장본인이었던 것이다. 이 나라의 사냥꾼들에게서 총을 뺏고 일본인들에게만 총기 소유를 허용했고, 게다가 일제에 의한 철저한 구제 작전까지 실행했기 때문이다.

1919년에서 1924년, 1933년부터 1942년까지 피해와 구제 수는 찾을 수 있었다. 그러나 그 외는 발견할 수 없었다.

한반도에 진출한 일본 경찰은 주민을 몰이꾼으로 동원해 구석구석을 뒤져 호랑이와 표범을 잡았던 것이다. 당시, 붉은 사슴, 멧돼지, 노루, 대륙 사슴도 죽였기 때문에 육식동물들의 먹이가 격감하여 그것이 결과적으로 호랑이와 표범의 수를 줄였을 것이다.

남아 있는 호랑이와 표범 박제

"그렇습니까? 그것이 멸종에 박차를 가했군요."

피디가 잠시 동안 침묵하며 표를 바라보며 말했다.

"프로그램에 도쿠가와 미술관의 한국 호랑이 감정도 넣고 싶은데요. 동물학자에게 부탁해서요. 가능하다면 일본에 있는 호랑이 표본도 모으고 싶습니다. 야마모토의 호랑이도 빌리기로 했어요."

"뭐라고요? 야마모토라고 했습니까?"

"네, 야마모토 다다사부로요. 조선에서 호랑이 사냥을 했던. 그가 가지고 온 호랑이를 저희들이 도시샤[同志社]에서 발견했어요. 네, 아주 훌륭한 표본으로 되어 있던데요."

나는 너무 놀라서 벌떡 일어났다.

"그 호랑이가 있었단 말입니까? 박제가 되어서? 도시샤라면 어디에요?"

나는 누구나 다 아는 도시샤 대학교가 어디에 있는지 물을 정도로 너무 놀라 정신이 없었다.

"아아, 교토에 있는 사학(私學) 명문이죠. 그런 곳에 박물관이 있었다니! 음, 대단하군요."

다이쇼 시대의 빛바랜 정호군 사진첩은 돌연 현실이 되었다.

"어, 어떻게 야마모토의 호랑이가 교토에 있는 겁니까? 그건 그렇고 박제는 어떤 상태입니까?"

피디는 나의 흥분한 모습에 놀란 모양이었다.

"아무도 한 적이 없는 호랑이 사냥에서 야마모토는 호랑이 장군으로 불렸습니다. 야마모토는 오카야마 현에서 태어나 가난한 인쇄공으로 고학을 해서 도시에 들어가 공부해 출세를 했습니다. 그래서 모교에 호랑이와 표범을 보낸 거라고 합니다. 박제는 도시샤 고등학교의 표본관에 있습니다."

이런 행운이! 사방이 안개로 둘러싸인 곳에서 야마모토의 호랑이가 나타난 것이었다.

"야마모토라는 사람은 벼락부자로 좀 특이한 사람으로 생각되었지만, 학교에 호랑이를 기증할 정도면 좋은 면도 가지고 있는 것 같습니다."

"네, 고향인 오카야마 시에 도서관과 농업학교를 세워 기증하기도 했습니다. 엄청난 부를 축적한 사람답게 아키타 현의 사다케[佐竹] 집안이 가지고 있던 36가선(歌仙) 두루마리 그림도 샀다고 합니다."

12겹의 옷을 입고 긴 머리를 늘어뜨린 오노 고마치[小野小町]의 모습이 눈앞에 그려졌다. 미남이라던 아리와라노 나리히라[在原業平]의 그림도 그 두루마리 그림에 있다. 기품 있는 왕족의 두루마리 그림으로 가인(歌人)의 모습과 시 한 수가 흐를 듯한 가나(カナ)문자로 이루어져 있다.

사다케 36가선 두루마리 그림은 팔려고 했으나 너무 고가여서 사려는 사람이 없었다. 그 그림을 산 사람이 바로 조선에서 호랑이 사냥을 끝내고 돌아온 직후의 야마모토였던 것이다. 그러나 2년 뒤 그도 그것을 팔고 말았다. 왜 그랬을까?

1919년 1월, 파리 강화회의가 시작되고 제1차 세계대전이 끝났다. 전쟁이 끝나자 바로 선박 수요가 줄었고 야마모토의 기세는 기울기 시작했다. 세계적인 불황으로 야마모토는 바로 몰락했고 도산 직전 두루마리 그림을 매각하기로 한 것이다.

야마모토는 현재 시세로 말하면 약 40억 엔 정도의 거금으로 그 그림을 샀으나, 팔 때는 아무도 그 가격으로 사는 사람이 없었다. 그때, 미츠이[三井] 그룹을 만든 마츠다 다카시[益田孝]가 후견인이 되어 두루마리 그림을 36개로 분할, 제비뽑기로 재벌들에게 나누어 팔았다. 이렇게 하여 국보급 두루마리 그림은 미츠이 그룹 총수인 단 다쿠마[團琢磨]와 일본 맥주주식회사 사장인 마코시 교헤이[間越恭平] 등 재계인의 손으로 들어갔다.

1927년 4월, 야마모토는 54세에 기력을 잃고 사운(社運)의 재건을 보지 못한 채 숨을 거두었다.

제국호텔에서 '호랑이 시식회'를 연 뒤 10년 후의 일이었다.

도시샤 표본관

나는 교토로 당장 출발해 고색창연한 도시샤 표본관으로 갔다. 거기서 야마모토가 기증한 두 마리의 호랑이와 표범 박제와 대면했다. 네 마리 전부 유리 상자에 넣어져 보존되고 있었다.

호랑이는 두 마리 전부 중간 크기로 젊은 호랑이었다. 표범은 큰 것과 작은 것이 있었고 어디를 봐도 호랑이와의 혼혈인 수호라는 기록은 없었다. 아마도 일본의 동물학자가 수호라는 것을 부정한 것이 아닐까 싶었다. 어쨌든, 네 마리 모두 교토의 시마즈[島津]제작소에서 제작한 것으로 훌륭한 박제였다. 목포 유달초등학교에 있는 호랑이 박제와 비교하면 도시샤 박제의 모피는 퇴색도 거의 없었다. 직사광선을 피해 매우 소중히 보관되고 있었기 때문이다.

박제를 바라보자, 이들을 한국으로 그대로 귀환시키는 것이 가능할까라는 생각이 들었다.

호랑이 장군이라는 별명을 얻고 지폐를 방바닥에 뿌리며 기생들에게 줍게 했다는 등 기행(奇行)이 많은 인물이라고 하지만, 포획한 네 마리의 동물을 야마모토만을 위한 것으로 하지 않은 것이 불행 중 다행이라 생각했다.

표본관 안내문을 요약하자면,

이 표본관에는 약 8,000여 점의 동물 표본이 수장(收藏)되어 있다. 표본 종류는 주로, 도시샤의 고(古) 가토 노부토[加藤延年] 교수가 필생의 사업으로 수집한 것으로 '가토 컬렉션'으로 불리고 있다. 가토 교수는 메이지 22년, 도시샤 보통학교를 졸업하고 40여 년에 걸쳐 도시샤에서 교편을 잡았고 박물학을 담당, 정열을 가지고 일본 내외 각지에서 동물 표본을 모았다.

박제 표본으로는 포유류 250점, 조류 약 500점, 그 외 파충류, 어류 등이 있으며 세계적으로 귀한 종, 멸종에 가까운 국제보호조류, 특별 천연기념물과 천연기념물 등을 소장하고 있으며 일본에서 제일가는 표본관이다.

예를 들면, 야마모토 씨가 다이쇼 시대에 조선에서 맹수 사냥을 할 때의 포획물이 기증되었는데 훌륭히 만들어진 호랑이 박제와 완벽한 골격이 남아 있다. 현재 한국 호랑이는 멸종하여 입수할 수 없는 만큼 귀중, 아니 세계적으로 희귀한 표본으로서 소중히 보존되고 있다.

그 외, 학, 황새, 따오기, 딱따구리, 신천옹, 뇌조, 일본 산양, 아마미 멧토끼 표본을 소장하고 있다.

1926년 들어 한반도에서 따오기, 황새가 멸종했으며, 딱따구리도 지금은 멸종에 가깝다고 한다. 야생동물의 미래는 어느 종류를 막론하고 낙관할 수 없다는 사실에 나는 통감했다.

정호기
征虎記

정호군이 다닌 길

▶ 지도 위 1~8의 숫자는 각 반을 말한다.

부산

마산

능주

광주

7

8

경성

군산

목포

제국호텔에서 호랑이 고기 시식회

잡은 호랑이

신사숙녀 여러분.

때는 벌써 연말을 향하고 있어 공사다망하실 거라고 생각이 됩니다. 여기 이 자리에 매우 희귀한 고기를 냅니다. 덧붙여, 많은 분들께서 이와 같이 자리에 참석해주셔서 진심으로 영광이라고 생각하는 바입니다.

금번 조선에서 호랑이 사냥을 계획하고 다녀온 것에 대해서, 이 이상 맹랑한 짓은 없다고 생각하시는 분도 계시고, 또 야마모토라는 사람이 선봉에 서서 과연 성공할 수 있을까라고 웃으신 분들도 계실 거라고 생각합니다. 하지만, 저는 오래전부터 준비를 철저히 해왔으며, 호랑이가 아니라 그 어떤 다른 포획물이라도 반드시 잡겠다는 신념을 가지고 있었습니다. 그렇기 때문에 제가 다른 이들에 비해 많이 모자란다고는 하나, 남들보다 한 발 앞서 도전했기 때문에 다행히도 약 한 달간 체류하는 동안 많은 포획물을 잡아서 돌아오게 되었습니다.

조선 호랑이 사냥에 있어서는 가토 기요마사[加藤清正]* 의 삼지창보다도, 와토나이[和藤內]* 의 힘이나 총보다도, 저는 건강과 담력을 최고의 무기로 삼습니다. 예전에는 호랑이가 지천으로 있었다고 하지만, 지금 호랑이는 길도 없고 쉽게 다가가기 힘든 깊은 산속이나 험한 계곡에 살고 있습니다. 호랑이를 잡으려면 많은 사람들이 깊은 산에 들어가지 않으면

* 아즈치 모모야마 시대의 무사의 우두머리이며 오와리(옛 일본 지명) 출신이다. 어릴 적 이름은 호랑이였다. 도요토미 히데요시를 따랐으며 시즈가타케노 시치혼야리(1583년 도요토미 히데요시가 시바타를 이긴 전쟁에서 도요토미 히데요시를 따른 7명의 무사를 가리키는 말)의 일원이었다. 히고(옛 일본 국명)의 반이 되는 영토를 받고 구마모토 성의 성주가 되었다. 임진왜란 때 조선의 함경도 방면으로 출병했다.

** 조루리(사미센 반주에 맞춰 특수한 억양과 가락을 붙인 이야기) "고쿠센야카센 – 일본과 중국을 무대로 한 공상적이고 웅대한 이야기"의 주인공으로 명나라의 유신 정성공을 모델로 하였다.

안 되고, 발자국을 발견해 뒤쫓아 가려면, 설령 호랑이와 같은 속도는 아니더라도 하루에 최소 10리 혹은 15리*의 산중을 평지처럼 달릴 수 있는 건강한 다리가 있지 않으면 안 됩니다.

하지만 건강한 다리를 가지고 있어도 막상 호랑이를 만나는 순간, 호랑이가 맹렬하게 달려든다면, 소용이 없습니다. 본래 고양잇과의 동물인 만큼 호랑이는 바로 쫓아오지 않고 마치 고양이가 쥐를 잡으려고 하는 것처럼 낮게 포복하면서 가까이 다가옵니다. 호랑이는 인간에게 달려드는 순간까지 숨을 죽이며 때를 기다립니다. 그러다가 순간, 인간의 눈빛이 흔들리면 바로 달려듭니다. 인간을 노려보는 호랑이의 눈동자와 인간의 두려움에 떤 눈동자가 마주칠 때는 총에 탄환을 장전하고 있더라도, 큰 담력이 없다면 인간은 지고 맙니다. 그렇게 되면, 호랑이의 밥이 되는 것뿐만 아니라, 이 세상에서 흔적도 형체도 없이 사라져버린다는 각오를 하지 않으면 안 됩니다.

저희들은 건강에는 자신 있다고 생각했습니다. 그러나 이것은 도시생활에서의 건강함입니다. 이번에 조선의 깊은 산속을 들어가 보니, 체력과 건강에 대해서 다시 한 번 더 생각을 하게 되었습니다. 단순히 호랑이를 잡겠다는 이유뿐만 아니라, 무엇을 하더라도 건강이 우선 되어야 하기 때문에 체력 훈련을 하지 않으면 안 됩니다. 그렇지 않으면 호랑이 잡는

* 거리 단위 리(里)는 한국, 중국, 일본이 모두 다르다. 일제 강점기에는 우리나라도 일본의 거리 단위를 썼고, 지은이 또한 일본인이기 때문에 여기서는 일본의 거리 단위로 환산한다. 우리나라의 경우 1리는 미터법으로 환산하면 약 0.39킬로미터이지만, 일본은 3.9킬로미터이다. 따라서 10리는 약 39킬로미터 정도 되고, 15리는 약 60킬로미터 정도 된다.

것은 둘째 치고 조선의 깊은 산속에서 쉽게 사고를 당할 수 있기 때문입니다.

그리고 규칙을 그대로 따르는 것은 대부분 성공을 하지만 때에 따라서는 오히려 약간의 변칙이 의외의 효과가 있다는 사실을 알게 되었습니다.

한두 가지 예를 들면, 정성봉(正誠峰)에서 계획적으로 진을 쳐 사방에서 좁혀 들어갔을 때는 불행히도 포획물을 잡지 못했지만, 최순원 포수는 이원(利原)*의 산중에서 우연히 어미 호랑이 한 마리를 굴속에서 발견하고 굴속에 총을 사정없이 쏘아서 호랑이를 잡았습니다. 최순원은 호랑이굴에 들어가지 않고 호랑이를 잡은 사람으로, 조선의 옛 속담인 '호랑이굴에 들어가야 호랑이를 잡을 수 있다'라는 말을 그야말로 뒤집어 놓았습니다.

이 이야기는 분위기를 위해 웃자고 드린 말씀입니다. 북청에서 시작하여 중평리(中坪里)에 들어가 대덕산과 동덕산 이 두 개의 산에 걸쳐 사냥을 했을 때는 사냥의 축하연이나 형식도 없었습니다. 일행이 마음대로 움직이며 관례를 무시하고, 사냥 풍습을 깨는 등 사실상 사냥꾼의 지도에 반하는 행동까지 나오긴 했지만, 오히려 포획물이 꽤 나와, 풍습의 힘이라는 것이 의외로 약하다는 실례를 경험했습니다.

전국시대*의 무장은 진중의 사기를 높이기 위해서 조선의 호랑이를 잡았습니다만, 다이쇼[大正]** 시대의 저희들은 일본

* 함경남도에 있는 지명이다.
** 15세기 중반에서 16세기 후반의 일본을 가리킨다.
** 다이쇼는 일본 다이쇼 왕의 연호로 기간은 1912년에서 1926년까지이다.

의 영토 내에서 호랑이를 잡아왔습니다. 여기에는 깊은 의미가 있다고 생각합니다.

최순원이 잡은 호랑이를 이 자리에 옮겨왔으며, 바로 여기 있는 두 마리 중 오른쪽에 있는 호랑이가 바로 그것입니다. 저는 일본 최고의 호텔에서 여러분 앞으로 호랑이 고기뿐만 아니라, 가죽과 뼈를 그대로 술에 담아서 내지 않으면 안 되겠다는 생각이 들었습니다.

자, 이쯤에서 참석하신 모든 분들의 건강을 기원하는 건배를 하겠습니다.

술을 받으시면 한 번에 마셔주시고 혹시 몇 방울이 남았다면 호랑이를 위해서도 건배를 부탁드립니다. 그렇게 해주신다면, 호랑이 또한 사후의 영광으로써 감사의 뜻을 표할 것이 틀림없을 것입니다.

다이쇼 6년(1917년) 12월 모일
제국호텔에서 개최한 포획물 시식회 석상 인사 개요
야마모토 다다사부로

일정

오전 10시 방화동 도착.

오후 3시 20분 방화동 출발(말로 이동).

오후 5시 미둔리 도착

18일(맑음): 오전 10시 미둔리 출발(말로 이동).

오후 3시 50분 고원 도착.

오후 6시 36분 고원역 출발.

오후 7시 영흥역 도착

19일(맑음): 오전 9시 영흥 출발(말로 이동).

오전 11시 50분 정자리(亭子里) 도착.

오후 1시 정자리 출발(말로 이동).

오후 5시 반 영흥 도착.

오후 7시 20분 영흥 출발.

오후 9시 20분 원산역 도착

20일(맑음): 원산 체류

21일(맑음): 오전 9시 45분 원산역 출발.

오전 10시 43분 석왕사(釋王寺)역 도착

22일(맑음): 오후 3시 53분 석왕사역 출발.

오후 4시 45분 원산역 도착.

오후 2시 금강산대(隊) 출항(충청호).

오후 12시 원산진 출항(음성호)

23일(맑음): 오전 5시 서호진(西湖津) 도착.

오전 6시 서호진역 출발,

오전 7시 함흥역 도착

24일(맑음): 오전 8시 함흥 출발(운탄차량 이용).

오전 9시 45분 오로리(五老里) 도착.

오전 10시 오로리 출발(말로 이동).

오후 12시 40분 가평면 도착.

오후 2시 가평면 출발(말로 이동).

오후 4시 오로리 도착.

오후 4시 20분 오로리 출발(운탄차량 이용).

오후 5시 10분 함흥 도착

25일(맑음): 함흥 체류

26일(맑음): 오전 7시 함흥역 출발.

오전 8시 서호진역 도착.

오전 8시 반 승선(경성호).

오후 7시 신창(新昌) 도착

27일(맑음): 오전 10시 반 신창 출발(말로 이동).

오후 2시 20분 북청 도착

28일(맑음): 오전 10시 북청 출발(도보).

오후 12시 20분 중평리 도착

29일(맑음): 중평리 체류. 오전 9시 금강산대 도착

30일(맑음): 오전 9시 반 중평리 출발(도보).

오전 11시 북청 도착

12월

1일(맑음): 오전 10시 반 북청 출발(말로 이동).

오후 2시 반 신창 도착

2일(맑음): 오전 2시 승선(경성호).

오후 7시 반 원산진 도착

3일(맑음): 오전 9시 45분 원산역 출발.

오후 6시 남대문역 도착

4일(맑음): 경성체류

5일(맑음); 경성체류

6일(맑음): 오전 8시 40분 남대문역 출발.

오후 7시 부산역 도착.

오후 8시 20분 승선(고려호)

7일(맑음): 오전 7시 반 시모노세키 도착.

오전 10시 45분 모지역(門司)* 출발.

오후 12시 33분 하카타(博多)역 도착

8일(맑음): 오후 3시 57분 하카타역 출발.

오후 5시 46분 모지역 도착.

오후 7시 10분 시모노세키역 출발

9일(맑음): 오전 7시 반 고베(神戶)역 도착.

오후 7시 18분 산노미야(三ノ宮)**역 출발

10일(맑음): 오전 9시 35분 도쿄역 도착

* 현재 기타규슈(北九州) 시에 있다.
** 현재 고베(神戶) 시에 있다.

사진 차례

화창한 햇빛을 받으며 갑판으로 올라 아침을 먹음.
일행이 탄 사쿠라 호는 10분 후 부산 부두에 도착할
예정.

사방 각지에서 선발한 포수 11명이 원산으로 집합해 벌써 산으로 들어감. 두 번째 열 왼쪽에서 네 번째 사람이 조선 호랑이 사냥의 일인자인 강용근, 그 옆 머리에 하얀 두건을 두른 이가 백운학, 맨 뒷줄의 중앙은 큰 멧돼지를 잡은 미야타 도미자부로(宮田富三郎).

밤에 경성에 도착. 이틀 동안
머무르면서 조선 궁궐 구경과
학교 시찰을 겸하는 등 관광
을 하면서 출정 준비로 시간
을 보냄.

출정 준비를 끝내고 산에 들어가기 위해 남대문역을 출발함.

그날 저녁 원산에 도착.
길바닥에 포장된 돌이 얼어붙을 정도의 혹독한 추위를 체감함.

고원역에서 환영을 받고 우연히 관내 순시 중이던
함경남도 지사를 만남.

역 앞에서 출발 준비

선두에서 휘날리는 정호군 깃발

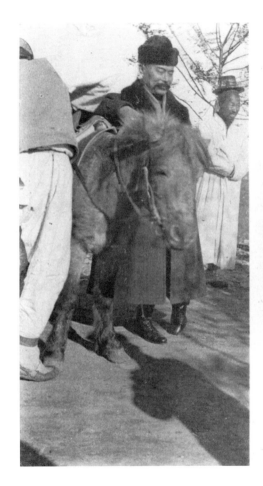

해가 저물어 미둔리의 숙소로 향함.
미둔리에는 겨우 2~30여 가구가 있으며 마을 앞에는 덕지강이 흐르고 있다.

숙소 앞마당에서 집합. 서리가 내린 대지에서 목욕을 하며 상쾌한 기분을 맛봄.

그날 밤의 식당. 낮은 처마와 안을 밝히는 대여섯 개의 촛불.

사냥 첫날. 말을 방화동의 협곡에 매어두다.

올라가야 할 정성봉의 험악한 산세.
저 멀리 아득히 보이는 정성봉.

정성봉 정상에 올라 발아래를 보니 산들이 펼쳐져 있다.

정성봉에서 사냥을 끝내고 아침 일찍 미둔리를 떠남.
미둔리를 떠나는 길에서.

영흥역에 내려 최초의 포획물인 표범을 봄.

영흥 관민들은 우리 일행을 환영하였고 환영회 장소로는 빨갛고 둥근 등이 달린 학교 건물을 사용했다.

용흥강변의 영흥은 물새를 사냥하는
데 좋은 곳으로 동남쪽으로 1리(약 3.9
킬로미터)를 가면 정자리가 나온다. 그
곳의 소나무 숲에는 조선왕조 발상의
옛 터가 남아 있다. 빨간 벽이 황폐해
져 비석 표면이 닳아버린 것이 있다.

원산으로 돌아와 북쪽으로 가는 배를 기다리는 동안, 석왕사 경내를 둘러봄.

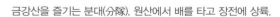

금강산을 즐기는 분대(分隊). 원산에서 배를 타고 장전에 상륙.

구(舊)만물상 풍경을 즐김.

119

구룡연(淵)으로 내려가는 도중, 연이어서 나타나는 첩첩 산봉우리를 바라보며 봉우리를 감상함.

구룡연으로 내려가 맑은 물을 맛보고
저 편에 있는 절이 신계사이다.

때때로 휴식을 취할 때, 외나무다리를 따라
외금강(外金剛)의 산세를 즐김.

산에는 벌써 눈이 내려 얼어붙어 거울보다 더 밝게 빛나고 있었다.

폭포가 있으면 얼어붙어 있었고 얼어붙은 폭포수가
기다란 흰 천을 펼쳐 놓은 것 같았다.

밝아오는 새벽에 서리를 밟으며 함흥 시가지로 들어감.
역에서 보이는 만세교는 길게 뻗어 있어 기다란 뱀과 같았다.

함흥 시내 반룡산에서의 환영회

반룡산 아래에는 공자 사당이, 1리(약 3.9킬로미터)를 더 가면 함흥본궁이 있다.

운탄차를 연결해 시가에서 9리(약 35킬로미터) 떨어진 함흥탄갱으로 향함.

차에서 내려 말을 타고 가는 도중 들새를 사냥함.

함흥탄갱. 파이프를 연결해 급히 만든 환영문.

오로리(五老里)까지 돌아왔을 때 환영인파 중 조선의 학동들.

신창(新昌)으로 향하기 위해 서호진의 잔교(棧橋)를 건넘.
바다 위에서 기다리고 있는 함경호.

갑판에서 신포(新浦)에 정박한 배들을 바라보며 북상함.
이곳은 명태를 많이 생산하는 곳으로 유명하다.

신창에 상륙할 수가 없어서 거룻배를 불러 육지로 이동함.

신창의 쓸쓸한 바닷가의 황량한 해변에 누워 있는 두 마리의 호랑이.

한 마리를 멋지게 쏘아서 잡아 큰 공을 세운 포수
최순원과 함께 상으로 사진을 찍음.

시간이 지남에 따라 날은 따뜻해지는데 도중에 하얗게 얼어붙은 강이 보임.
북청으로 향하는데 말이 부족해서 모자란 만큼 짐마차를 이용함.

북청 성문 밖의 군중들.

북청 시가지는 나무가 적고 그저 돌지붕들만
늘어서 있다. 천년을 이어온 조용한 시가지를
둘러싼 산들은 이미 반쯤은 하얗다.

색색가지의 깃발들로 장식한 교사(校舍)의 환영회. 시를 둘러
싸고 있는 옛날의 성벽.

호랑이가 살고 있는 북청성 밖의 산들.

북청에서 조금 떨어진 중평리는
이미 산중마을이라 집이 십여 채도 되지 않았으나
겨우 서리를 피할 수 있는 집을 찾았음.

정오에 올라가서 오후 내내 사냥한 대덕산의 험준한 산세.

호랑이굴을 찾으며 노루를 잡은 동덕산의 정상.

우연히 숙소를 방문한 명포수 강용근과 흰옷을 입은 이윤회.

북청에서 돌아오는 길에 부대원들은 유유히
휴식을 취하거나 식사를 하며 겨울 낮을 만
끽하였다.

146

원산으로 돌아와 포획물을 여관의 뒷마당에 쌓아놓으니 그 기쁨 어디에도 비할 바 없다.

원산을 떠나는 기차.

열차의 선로 주위로 산과 밭이 나타났고 하얀 서리를 맞은 들판도 나타났다.

포획물을 쌓고 그날 밤에 경성으로 개선함.

수호(水虎: 호랑이와 표범의 잡종)를 포획한 제7반과 부대원들. 능주(綾州)에서 기념 촬영함. 수호에게 머리를 다친 몰이꾼이 머리에 붕대를 감고 수호 가까이 앉아 사진을 찍음.

경성에서 체류했던 하루는 운동회
로 보냈다. 대원들이 서리를 밟으며
스모를 하고 운동 실력을 겨루며 그
기상을 보였다.

백운학과 그의 반(班). 원산에서 개선한 백운학은 상배(賞盃)를 들고 맨 앞줄에 앉아 있음. 전라남도 광주로 향하는 별동대의 일부. 수호를 잡은 곤도(近藤) 포수를 축하하기 위해 모임. 곤도는 검은 정장을 하고 뒷줄에 서 있다.

제국호텔의 시식회를 장식한 호랑이. 포획물
을 앞에 두고 그 고기를 맛 봄.

전기
前記

다 이쇼 6년 11월 10일 아침, 차가운 비를 맞으며 도쿄역을 출발한 일행은 고베에서 2명, 오카야마에서 1명, 히로시마에서 2명이 모여 11일 아침, 시모노세키에 하차하여 그곳에 대기하고 있던 8명과 합류해서 25명이 되었다. 춘범루(春帆樓)*의 등 밑에서 잔을 기울이며 서로 명함을 돌릴 때, 창 밖에서는 우박이 내렸다. 접시를 반쯤 비우고 앞으로의 일을 위해 축배를 들려 하자, 승선을 알리는 기적소리가 들렸다. 서둘러 일조(日朝)연락선을 타고 12일 아침 부산 부두에 섰다.

맑은 하늘은 구름 한 점 없고, 부산에서 경성으로 가는 길은 초겨울로 과연 조선의 겨울은 일본과 달랐다. 논은 모두 벼 베기를 끝냈으며 전형적인 조선인 가옥 그리고 홍설(紅雪)을 깔아놓은 듯 고추가 널려 있는 것이 보였다.

* 시모노세키에 있는 요정집 이름이다.

추풍령을 넘어갈 무렵, 산허리에 눈이 쌓여 있었다. 살을 에는 듯한 바람이 불었다.

해가 저물자 거리에는 등불 한 점 보이지 않아 여행의 쓸쓸함이 점점 더해갔다. 김천, 수원, 용산으로 이동함에 따라 일행을 맞이하러 열차에 탄 사람들이 있었으니 경성에 도착할 무렵에는 거의 20명 정도가 되었다. 말할 것도 없이 역은 환영인파로 넘쳤으며 셀 수 없을 정도로 많은 플래시가 터졌다. 밀고 당기는 인파 속을 겨우 헤쳐 나와 인력거를 탔다. 밤하늘에 가득 찬 별들이 밤안개 자욱한 남대문 거리의 등불과 그 밝음을 다투고 있었다.

경성 체류 이틀간은 출정 준비와 관광으로 보냈다. 하루는 야마가타 이사부로[山縣伊三郎]* 정무총감님의 초대를 받아 조선호텔 객실에서 조선에서의 맹수에 의한 피해 사실을 들었다.

* 1910년 5월 조선통감부 부통감으로 부임하였으며 8월 한일 강제병합 후에는 정무총감으로 취임하여 1919년까지 정무총감을 지냈다. 정무총감은 군사통제권을 제외한 행정, 사법을 통괄하던 직책이다.

본기
本記

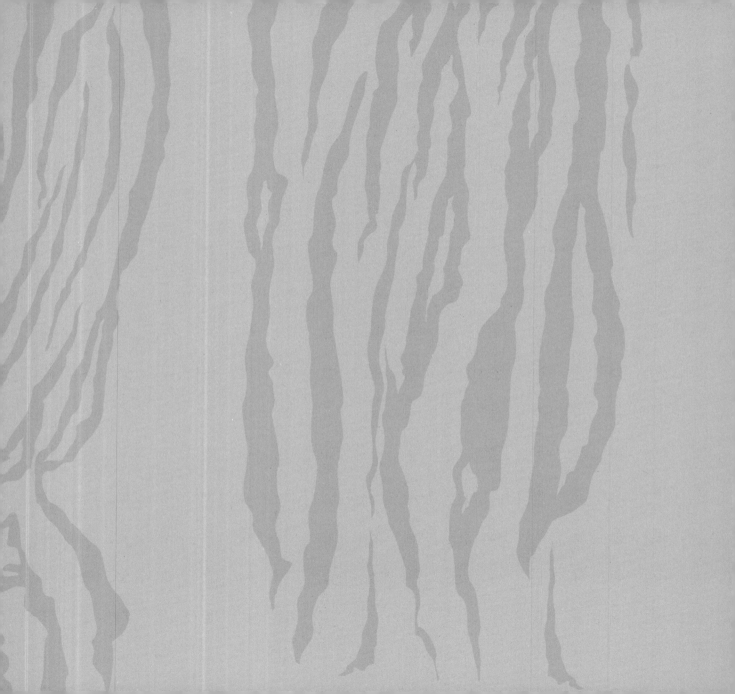

경성에서 6명이 추가로 합류해 일행은 31명이 되었고 15
일에는 지원부대를 원산으로 옮겼다. 주위에서 우리를
가리켜 '정호군(征虎軍)'이라 하였다.

　여기서 전략군인 1반을 설명할 필요가 있겠다. 일행이 조
선으로 건너기에 앞서 맹수를 처리하기 위해 일본인과 조선
인 중 실력 좋은 포수를 뽑아 함경남북도와 강원도, 전라남도
등 4도에 배치했다. 일행이 원산으로 이동할 무렵, 포수들은
벌써 각 부서에 배치되어 본부대가 도착하기를 기다리고 있
었다. 반은 8개로 나누었다.

　제1반(단천대): 강용근(姜龍根), 최순원(崔順元)
　　　　　　　　김현식(金鉉植)
　제2반(북청대): 이윤회(李允會), 최재순(崔在順)
　　　　　　　　노경오(盧敬伍)

제3반(성진대) : 백운학(白雲鶴), 심여근(沈汝根)

　　　　　　　홍영강(洪永姜)

제4반(고원대) : 혼다 사다노부〔本田貞信〕, 임봉화(林鳳華)

　　　　　　　박대현(朴大玄)

제5반(영홍대) : 기쿠타니 리키조〔菊谷力藏〕, 박창태(朴昌泰)

　　　　　　　이상호(李相皓)

제6반(강원대) : 박삼보(朴三甫), 이춘재(李春在)

　　　　　　　김광오(金光伍)

제7반(능주대) : 곤도 고이치〔近藤孝一〕, 박서방(朴書房)

　　　　　　　이진환(李進煥)

제8반(광주대) : 김관일(金寬日), 김원사(金元四)

　　　　　　　최재주(崔在珠)

　제1반부터 5반까지는 함경남북도를 석권했고 제7반과 8반
은 전라남도로 향했으며 별동대인 제6반은 금강산의 곰을 사
냥하는 작전을 펼쳤다. 각 포수들이 조선팔도의 지리에 능통
하여 모두들에게 절대적인 신임을 얻고 있었다. 그리하여, 각
반당 열 몇 명의 조선인 몰이꾼을 붙여줬다.
　우리 일행은 지금 당장 이들 뒤를 따라서 가야 했다.

　남대문역*을 출발하려 하자 환송을 해주는 사람들이 많았
다. 미리 준비한 부대복을 급히 입었다. 그러자 마치 딴사람

* 현재의 서울역이다.

162

처럼 보였다. 조선의 하늘은 구름 한 점 없이 쾌청했다.

열차는 한강을 따라서 북한산 허리를 지나 낙수봉(落水峰)과 도봉(道峰) 사이의 협곡을 실로 잇듯 지나갔다.* 잠시 후, 북쪽에 다다르자 인적 없는 고원이 나타났다.

잎 없이 가지만 앙상한 나무와 억새들이 길게 늘어져 있어 황량함이 느껴졌고 세포(洗浦)** 로 가는 길에는 그늘로 인해 녹지 않은 눈들이 보였다. 사방 7~8마일**은 금강산의 지맥이 닿는 곳으로 물과 바위, 소나무가 섞여 있었고 맑은 시내와 희한한 바위가 있어 그 기품이 빼어났다.

저녁 해가 기울어 원산(元山)에 도착하자, 잠시도 쉴 틈 없이 원산 유지들의 초대를 받았다. 땅은 얼어붙었고 바람은 매우 찼다.

차 안에 동행한 야마오카 조슈[山岡超舟]는 군가를 만드는 재능이 있었다. 제목은 〈정호군가〉라고 붙였다.

제1절
때는 다이쇼 6년, 11월의 열흘째 아침
치요다[千代田]의 황궁에 절을 하고, 나아가자 야마모토 정호군

* 정호군이 탄 열차는 일제가 1914년 완공한 경원선이다. 경원선은 용산, 의정부, 철원, 평강, 삼방관, 석왕사, 원산을 잇는 철도였다.
** 강원도 평강군에 있는 지명이다.
** 1마일은 약 1.6킬로미터로, 7~8마일은 약 11.3~12.9킬로미터이다.

긴 육백삼십 리, 바다로 길로 꿈을 넘어서
조선을 향해 용감하게, 나아가자 야마모토 정호군

군을 나누어 8분대로, 전사가 되어라
조선 반도 산속 깊이, 나아가자 야마모토 정호군

도깨비 상관의 업적, 보아라 지금이다
호랑이의 위세로 밀어붙이자, 나아가자 야마모토 정호군

제2절
지금 북풍을 맞으며, 장백산맥의 달은 어두워라
피에 굶주린 맹호들, 쏘아라 야마모토 정호군

적으로는 표범도 들개도 늑대도, 곰 또한 몇 백 마리 늘어나도
두려움 없이 한 번에, 쏘아라 야마모토 정호군

우리 편은 150명, 언제나 사그라지지 않는 그 용맹함에
팔도 산천은 놀라 안색을 잃어, 쏘아라 야마모토 정호군

일어서라 총잡이여 사냥해라 몰이꾼들, 일본 남자의 투지를
보여라 사냥감으로 뒤덮일 그날까지, 쏘아라 야마모토 정호군

똑같이 다무라 고토[田村江東]는 〈호랑이여 오라〉라는 신작
을 만들었다.

가토 기요마사의 일이여
지금은 야마모토 정호군
호랑이여 오라

호랑이 덤벼라 호랑이 덤벼라 철포를 짊어지고
가자 북쪽의 눈 속으로
호랑이여 오라

일본 남아의 담력을 보여주자
루스벨트* 그 무엇이랴
호랑이여 오라

호랑이 덤벼라 표범 덤벼라 늑대도 곰도 덤벼라
안 나오면 쏘겠다 오연발로
호랑이여 오라

올해는 조선 호랑이를 모두 사냥하고
내년에는 러시아의 곰을 사냥하세
호랑이여 오라

* 미국의 26대 대통령 시어도어 루스벨트를 말한다.

165

그날 밤의 연회를 시작으로, 초대받았을 때나 행군으로 피곤할 때에는 소리 높여 이 군가들을 합창했다.

* * *

조선에서의 아침이 밝아오자 숙소를 나와 정호군 군복을 바람에 휘날리며 고원(高原)* 으로 향했다. 드디어 첫째 날이었다.

고원역에서 내려 환영문을 지나 재류일본인들에게 환영을 받았다. 차가운 술을 준비하고 오징어를 찢고 연어를 통째로 쪄서 담은 후, 문을 장식하고 막을 친 작은 축하 연회장을 만들었다. 말이 준비되는 동안, 일이 잘 풀리려는지 어디선가 학이 세 마리 나타나 우리 일행의 머리 위에서 낮게 날았다. 몇 바퀴를 돌아도 쉽게 날아가지 않는 것이 길조임이 확실해 환호와 더불어 한동안 박수를 친 뒤, 말에 올랐다. 올라탄 조선말은 다리가 짧고 왜소해 당나귀와 같았다. 창과 정호군 깃발이 선두를 달렸으며, 말 한 마리에 한 명의 종자(從者)가 붙어 50여 명 정도의 무리가 유유히 역을 뒤로하며 길을 나섰다.

지금은 삼한(三寒)이 지나고 사온(四溫)의 기후이다. 봄이 된 듯한 날씨라 길과 산에서 말방울을 조용히 울리는 행렬을

* 함경남도 남부에 있는 지명이다.

보니 이집트 상인들의 행렬과 비슷한 것 같아 시흥(詩興)이 절로 일었다.

맑고 아름다운 하늘이다. 다리가 없는 작은 시내를 건너고 골짜기를 넘어 언덕을 지나 2리*를 이동해 장흥리(長興里)의 인가가 없는 곳에서 쉬었다.

벌써 산골짜기로 들어섰다. 오른쪽으로는 마남령(馬南嶺)이 우뚝 솟아 있고 왼쪽으로는 추마상덕(秋馬上德)이라는 산맥이 있었다. 특별히 안내자로서 산을 내려와 수행한 혼다 포수를 불렀고, 숙소로 갈 사람은 돌아가게 했다. 해가 아직 높이 있어 남아 있는 사람들을 두 개의 대(隊)로 나누어 마남령을 오르기로 했다. 본격적인 사냥에 앞선 시험이다.

산봉우리는 해발 2000척,** 길이 있으나 없는 것과 마찬가지일 정도로 바위와 잡목이 뒤덮여 있었다. 날카로운 칼날 같은 바위를 밟고 때로는 어깨까지 뒤덮는 잡초를 헤쳐, 골짜기 골짜기를 고생하며 올라갔다. 봉우리에 올라서자 하늘 저편에는 거인이 투구를 쓴 듯한 바위가 나타났는데, 마남령이었다. 마남령에는 새 한 마리 울지 않았고 파란 하늘과 괴암과 바람에 흔들리는 낙엽들뿐이었다.

혹시라도 표범과 마주치면 그 즉시 잡겠다고 혼다 포수가

* 약 7.8킬로미터.
** 길이 단위로 1척은 약 30.3센티미터이다. 2,000척은 약 600미터.

그의 계획을 모든 이에게 이야기하자, 그 말에 서로 흥분하여 함성을 치니 메아리가 되어 울려 퍼졌다.

그 뒤로 몇 번이나 미끄러지고 구르기를 반복하며 뒷봉우리를 돌았다. 마남이라는 이름에 걸맞게 이어져 있는 높은 봉우리들이 마치 말이 엎드려 있는 것과 같았다.

봉우리를 내려오려고 하자, 눈 밑 천 길 낭떠러지 골짜기가 나타났으며 그곳에서 순간 노란색의 무언가가 움직이는 것이 보였다.

잡목을 밟고 헤치는 소리와 사람 목소리에 놀란 호랑이가 뛰어나온 것이었다!

재빨리 탄환을 장전하고 쏘았으나 거리가 너무 멀었고, 나무들이 많아 호랑이는 그 사이에 벌써 모습을 감추고 말았다.

너무나 갑자기 호랑이를 발견한 것과 몰이꾼이 없다는 것에 통감을 느끼며 물이 흐른 자국을 따라 내려왔다. 거기서 서쪽으로 2리[*]나 되는 산길을 걸어서 지는 해가 쓸쓸히 비추는 수동면(水洞面)의 미둔리(彌屯里)에 도착했다.

먼저 도착한 대원들은 벌써 몇 군데의 숙소에 나누어 들어가 있었고, 할당된 민가에 들어가니 방은 사방 9척^{**}을 넘지 않았으며 촛불 두세 개만 있었다.

* * *

* 약 7.8킬로미터
** 약 2.7미터.

168

미둔리는 고원에서 서남쪽으로 4리*를 더 들어가는 깊은 곳에 위치하고 있다. 약사발의 오목한 바닥과 닮은 산골짜기이며 덕지강(德池江)이 흐르고 있다. 높은 겨울 하늘은 모래를 뿌려놓은 듯 별들이 반짝반짝 빛났고, 검고 높게 서 있는 봉우리 사이에서는 도깨비의 속삭임이 들리는 듯했다. 소리 내며 흐르는 물소리가 소나무와 어우러지니 마치 피에 굶주린 괴수의 신음소리 같아 갑자기 으스스한 기분이 들었다.

방 안은 온돌로 인해 기분 좋게 따뜻했다. 창문을 두드리는 심한 바람과 암흑의 밤기운 속에서 처음으로 호랑이를 목격한 상황을 되새기며 희미한 등 아래에서 천천히 동이 트길 기다렸다.

새벽에 자리를 박차고 일어나 말을 타고 1리 반**을 달려 방화동에 도착했다. 방화동은 정성봉(正誠峰) 자락에 있는 작은 마을이다.

정성봉은 험한 산으로, 높은 봉우리들이 빽빽이 늘어서 있는 마남령에 뒤떨어지지 않는 봉우리이다. 끝없이 굽이치는 산길을 올라가니 더 높은 봉우리들이 하늘을 찌르는 듯했다.

일행을 둘로 나누어 1반은 혼다 포수 밑으로 배치를 했다. 어제와 같은 요행은 없을 것이라 생각하며 빈틈없이 진을 쳐 한 번에 많은 포획물을 얻을 수 있도록 전략을 세웠다.

* 약 15.6킬로미터.
** 약 5.9킬로미터.

말을 매어둔 곳으로 돌아오니 각각의 말안장에 총이 한 자루씩 놓여 있었다. 머리를 노릴 결심으로 조준 준비를 하고 기다렸다.

관전하는 기자단은 산허리의 언덕에 모여 머물렀고 몰이꾼들은 말발굽 모양의 산병선(散兵線)*을 만들고 계곡 깊숙이 모습을 숨겼다.

드디어 산의 정적을 깨고 공포탄으로 신호를 올렸다.

공포탄 소리가 아직도 가시지 않은 그때, 흰옷을 입은 몰이꾼들이 나무 사이, 바위 사이에서 머리를 들고 고함을 치며 서서히 산꼭대기로 올라가 몰이를 시작했다. 그 소리는 산봉우리를 울리는 메아리가 되어 정상에 있는 돌무더기를 떨어트릴 정도였다.

계곡으로 떨어진 돌은 바위에 부딪혀 큰소리를 내며 부서졌다. 설령, 맹호가 산을 빠져나갈 기력이 있다고 해도, 사방팔방으로 둘러싸인 이곳에서 우리의 눈을 피해 몰래 숨어 도망가는 것은 불가능할 것이다. 몰이꾼이 험준한 바위를 마치 원숭이가 바위 타듯 민첩하게 움직이자 돌무더기가 우르르 부서져서 끊임없이 떨어지고 있었다.

그 순간, 산허리 가까이에 두 개의 검은 물체가 나타났다. 바람도 불지 않는데 풀들이 움직이고 바위가 무언가에 의해

* 전술연습이나 공격 중에 부대가 넓게 옆으로 벌린 선을 말한다.

움직이며 검은 물체가 사라지려고 했다.

　발아래에서는 추격이 시작되었고 산 정상에서는 동요하는 인간들의 함성이 들렸다. 두 마리 모두 피를 흘리면서 인적 없는 봉우리를 넘어가더니 결국 보이지 않게 되었다.

　사전에 짠 계획을 잘못 판단해 몰이꾼이 해야 할 일에 착오가 생겼다는 것을 저 멀리 달아난 멧돼지들을 보면서 통감했다.

　함성이 마침내 멈추고 사냥 시작 전과 같은 침묵이 돌아오고 나서야 오늘의 첫 사냥이 끝났다.

　몰이꾼들이 식사를 하고 쉰 후, 바로 옆에 있는 봉우리로 향했다. 함성이 다시 한 번 산록을 뒤덮기 시작했으며 돌무더기를 떨어트리는 듯한 기세의 울림이 산 천지를 흔들었다. 사냥감이 있을 거라는 기대를 많이 했던 것일까, 아니면 사람이 너무 많아서일까, 지형을 몰라서일까, 포수가 사냥감을 사방팔방 둘러싸는 장면을 보건데, 작전이 미흡해서일까, 어쩌면 운이 없어서일까, 결국 얻은 것 없이 부대를 정리했다.

　애써 태연하게 있는 포수를 위로하고 산을 내려와 말을 타고 미둔리로 돌아왔다.

＊＊＊

침묵으로 지낸 둘째 날 밤이 지나고 이튿날이 밝았다. 피로를 풀기 위해 천천히 식사를 하고 이 마을과 작별을 고했다.

마을 이장 김병한(金柄漢)을 중심으로 마을사람들이 모여 흰 천을 흔들며 우리들을 변두리에 있는 작은 시냇가까지 배웅해주었다.

말머리를 일렬로 세우고 어제 온 길을 따라 다시 고원으로 향했다. 해가 질 무렵 영흥행 열차를 타기 위해 역에 도착하자 전보가 왔다.

제5반의 포수, 기쿠타니 리키조가 영흥군 의흥면 용신리의 산에서 7척*이나 되는 큰 표범 한 마리를 쏘아 잡았다는 것이다!

자세한 정보는 내일 가서 듣기로 하고 일단 열차를 탔다. 바로 그때, 아직 금성이 밝게 빛나고 있는 미둔리를 나와 서리를 밟으며 추마상덕 방면으로 출동한 혼다 포수가 어제의 실패를 만회하려는 듯, 노루 한 마리와 꿩을 들고 와서 열차 안으로 던지더니 말을 돌려 아직 어두운 산을 향해 달려갔다. 그는 떠날 때 표범이든 호랑이든 한 마리라도 잡지 못하면 뵐 면목이 없다며 꼭 잡겠다는 맹세를 했다.

영흥역 앞에는 이미 차갑게 식어버린 표범이 있었다.

바로 표범을 원산으로 보내고, 역 앞의 등불과 함께 복장이

* 약 2.1미터.

172

흑백으로 나뉜 내지인(內地人)*과 조선인 수백여 명의 환영을 받으며 보통학교에서 열린 관(官)과 민(民)이 주최한 환영파티에 참석했다.

회장 안은 홍등과 만국기로 장식되어 있었고 참석 인원 2백 명과 곽 군수의 유창한 국어*로 환대를 받았다.

영흥의 제5반은 사냥터가 없지는 않지만 10리**나 떨어져 있고 게다가 일행 중에는 금강산으로 향한 이도 있었다. 그래서 체류 첫날을 용흥강 주변의 물새를 사냥하면서 보내고 나머지 시간은 동남쪽으로 1리 정도 떨어진 정자리(亭子里)에 가서 조선의 발상지 유적**을 보았다.

대부분이 민둥산인 영흥군이지만 정자리에는 10여 마을이 들어갈 만한 넓이의 소나무숲이 있었다. 숲 안에는 빨간 벽의 궁이 보였으나 그대로 방치되어 황폐했다. 후손에게 전하는 말이 적힌 대리석으로 만든 비석은 차갑게 얼어붙어 있었으며 울타리는 손을 보지 않아 다 무너져 있었다.

숙소로 돌아와 표범을 잡은 상황을 들었다.

기쿠타니 포수는 16일, 용신리 산중에 들어가 우연히 맹수의 발자국을 발견했고 17일 오전 9시경에는 더 커다란 무언가를 보

* 조선에 사는 일본인을 말한다.
** 일본어를 말한다.
** 약 39킬로미터.
*** 영흥군 순녕면 정자리에는 태조 고황제의 어태(御胎)를 봉장(奉藏)한 선원전(璿源殿)이 있다.

173

았다. 방금 지난 듯한 흔적을 보고 표범이라는 확신이 들어 사냥 감에서 멀리 떨어진 곳부터 천천히 접근하는 진형을 짜고 11시가 되어서 몰이꾼과 포수의 배치를 끝냈다.

바로 추격에 들어가 봉우리를 샅샅이 뒤지며 기다리자 오후 3시쯤 홀연히 나타난 커다란 표범. 기쿠타니는 50간* 거리에서 목표물에 접근하며 총탄 한 발을 쏘았다. 총탄이 오른쪽 뒷다리에 맞자 표범이 갑자기 그들에게 달려들었다. 그때, 조선인 포수가 쏜 두 번째 총탄이 오른쪽 둔부를 관통하였으나 여전히 두려움을 모르는 이 표범은 포효하며 육탄 공격을 해왔다. 상황을 살펴 다른 조선인 포수 한 명이 근처의 소나무에 올라가 표범을 유인하기로 하고 부대는 소나무 가까이에 있는 몸을 숨길 만한 바위에 숨어 토끼나 그 외의 작은 동물들의 움직임을 막고 총을 연이어 세워 연발하는 수단을 쓰기로 했다.

이쪽의 계획을 알 리 없는 표범은 소나무 아래로 달려가 포효하며 단번에 포수를 물어뜯으려 했으나 부대의 2연발로 인해 머리가 깨지며 숨이 끊겼다.

기쿠타니는 과거, 일 년에 호랑이 다섯 마리, 표범 두 마리를 잡은 눈부신 업적을 가지고 있다. 그는 영흥에 살고 있는 우리 부대 후방수비의 상등병이다.

* * *

174

* 간(間)은 길이 단위로 약 1.8미터이다. 50간은 약 90미터.

그날 밤, 원산으로 돌아왔다.

북으로 향하는 배를 기다리는 3일 중, 하루는 작은 증기선을 타고 문천(文川)*의 바다에서 물새 사냥을 했으며, 그날 밤에는 사냥감인 노루와 기러기를 시식했다. 둘째 날은 속세와 떨어져 있는 한적한 석왕사(釋王寺)*에서 휴식을 취하는데, 제3반의 백운학이 7척**이나 되는 암호랑이를 잡았다는 긴급 전보를 받았다.

그 무렵, 금강산부대는 장전(長箭)으로 출항했다.

* * *

다음날 밤, 닻을 올리고 서호진(西湖津)으로 향했다.

항해거리는 45해리,*** 새벽 모두들 아직 잠들어 있는 이 시각, 배는 서호진으로 들어갔다. 등불을 비추며 육지와 배를 왕복하는 거룻배로 갈아타고 잔교를 건너 함흥탄광의 경편철도를 1시간가량 달려 날이 밝아올 무렵, 함흥역에 도착했다.

비 온 뒤의 함흥평야는 눈과 서리보다 하얗다.

게다가 제1반의 분대(分隊)가 호랑이 한 마리를 잡았다는 급보를 받았다. 두 마리의 호랑이를 잠시 신창에 두고, 일행이 도착하기를 기다려 뒷일을 처리하라고 명했다.

---

* 함경남도 남부에 있는 지명이다.
* 함경남도 안변군의 설봉산(雪峯山)에 있는 사찰이다. 태조 이성계가 나라를 세우기 전 무학대사의 해몽을 듣고 왕이 될 것을 기도하기 위해 지었다고 전해진다.
** 약 2.1미터.
*** 해리(海里)는 거리 단위로 1,852미터에 해당한다. 45해리는 약 83.3킬로미터.

오후에 함흥시 공원인 반룡산 공원의 소나무숲에서 환영회
가 열렸다. 함흥에 거주하고 있는 문무관헌을 주축으로 내지
인과 조선인이 참석했다. 산은 성천강에 접해 있고 함흥평야
를 바라보았다. 날은 따뜻했다.

둘째 날 새벽, 탄광차를 장식하고 십 수대 연결하여 9마
일* 길이의 궤도를 달려 오로리(五老里)에 도착했다. 거기서
탄광차 몇 대를 떼어내고 다시 4리**를 달려 가평면에 있는 함
흥탄광으로 갔다.

가는 곳마다 기러기 떼가 보여 사냥을 하며 행진했고 탄광
에 도착해서 작업장인 갱내를 시찰했다.

함흥에 돌아오자 날이 저물었다. 들판에는 안개가 꼈고 초
저녁달은 하늘에 걸려 있었다. 다리 초입에 긴 열을 지어 만
세를 부르는 사람들의 그림자는 벌써 어두워지고 있었다.

셋째 날 정오, 일행은 신(申) 도지사와 오가와[小河] 경무부
장의 초대를 받아 도청에서 오찬을 하였고, 히시다[菱田] 제1부
장이 함경남도의 산업과 지리에 관해서 자세히 들려주었다.

밤이 되자 함흥탄광회사에서 연회를 베풀어주었다. 이 연
회의 상석에 나란히 앉았다. 회사는 대부분 이 야마모토의 투
자에 의해 세워졌기 때문이다.

* 약 14.4킬로미터.
** 약 15.6킬로미터.

* * *

백운학이 호랑이를 성공적으로 잡았다는 정보가 들어왔다.

백운학은 제3반의 주장으로서, 10일 성진(城津)* 에 상륙한 뒤 바로 산으로 올라가 10리*를 이동했는데, 우연히 신구동에 주둔하고 있는 헌병분소에서 서학면의 한 마을에 맹호가 나타나 사람과 가축들에게 피해를 주고 있다는 내용의 정보를 접했다. 바로 함경남북도의 경계선에 해당하는 남운령으로 달려가 사람들이 밟지 않은 눈이 많이 쌓인 지맥(支脈)에서 20일 오후 4시에 우연히 호랑이 발자국을 발견했다.

진을 치고 몰이꾼 열 명을 산기슭에 배치한 후, 정상에 올라 상황을 살펴보며 기회를 찾고 있었는데, 눈이 쌓인 산허리 부근에서 호랑이 한 마리가 나타나 산꼭대기로 힘껏 달리는 것을 보고 백운학은 호랑이와 약 40걸음 정도의 단거리를 확보하며 첫 탄을 등에, 두 번째 탄을 복부에, 세 번째 탄을 경부에 맞추어 쓰러뜨렸다.

명포수 강용근으로부터는 아직 좋은 소식이 없었고, 제2반에서는 바위동굴에서 호랑이 새끼 두 마리를 발견했지만 놓치고 어미호랑이를 찾으려다가 우연히 멧돼지 두 마리를 멋지게 잡았다는 보고가 있었다. 제1반은 아직도 신구면 부근

---

* 함경북도 남단 동해안에 있는 지명이다.
** 약 39킬로미터.

에 있으며 제2반과 이제 겨우 접촉을 하였는데, 진지(陣地)는 적설량이 2척*에 기온이 영하 22도라고 했다.

함흥 시민의 호의에 깊은 감사를 표하고 서호진을 나와 다시 배를 탔다.

배에서 또 전보를 받았다. 전라남도에 있는 제7반이 광주 동쪽에 있는 대음산(大陰山) 부근에서 호랑이 한 마리를 발견해 있는 힘을 다해 추적을 계속하고 있다고 한다. 세 번째 호랑이는 혹시 이 지역에서 잡히지 않을까라는 생각을 하자 매우 흥분이 되었다.

검푸른 파도가 거칠게 이는 북쪽 바다를 거쳐 전진(箭津)과 신포(新浦)를 지났다. 해가 지자 암운과 바다에 배가 둘러싸였다. 싸락눈이 내리는 갑판을 뒤로 하자, 풍랑만큼 강한 것은 없구나 하는 생각이 들었다.

신창(新昌)에 상륙했을 때는 완전히 해가 저물어 어두웠다. 파도소리가 창을 두드리는 쓸쓸한 항구의 숙소에 들어가 불을 켠 뒤 뒷마당에 호랑이 두 마리를 펼쳐놓고 검사를 했다.

백운학과 최순원이 쏘아서 잡은 것이다. 잡혀서 깊은 산속에서부터 이리로 옮겨져 몸은 이미 눈보다 차갑게 식었으며, 산악을 떨치던 그 맹위는 지금 북쪽 항구마을에서 널브러진

* 약 60.6센티미터.

신세가 되어 있었다.

그 옆에는 무게가 50관*이나 되는 멧돼지 한 마리가 있었다. 제1반이 묵묵히 사냥을 하면서 보내온 것이다.

마침 포수 최순원이 왔다. 희미한 촛불이 비치고 있는 숙소로 들어가 당시의 이야기를 들었다.

최순원은 제1반의 일원이었지만 굳이 따로 행동하기 위해 주장 강용근과 헤어지고 11일 신포에 상륙해 도보로 북청과 이원(利原)을 지나 북쪽의 죽암동으로 들어갔다. 부하로는 박문선(朴文善)과 한석조(韓錫祚)가 있었다.

12일부터 사냥을 시작했으나 발자국도 발견하지 못했고 13일 죽암동 동쪽에서 2리*떨어진 곳에서 발자국을 발견했으나 산세가 너무 험한데다 단천군(端川郡)과 이원군의 경계에까지 가는 중 이미 해가 완전히 저물었다고 한다. 표시를 해두고 숙소로 돌아온 다음 14일 새벽에 일어나 다시 표시를 해둔 곳으로 가서 추적을 진행하며 상수리나무도 없는 무명산(無名山)까지 갔다고 한다.

커다란 바위가 산허리에 우뚝 솟아 있었으며, 물은 계곡을 울리며 흐르고 낮에도 어두컴컴한 곳에서 생각지도 않게 한석조가 호랑이를 발견한 것이다! 호랑이는 사람이 있는지도 모르고 유유히 걸으며 산꼭대기에서 나오고 있었다. 호랑이보다 먼저

* 관(貫)은 무게의 단위로 한 관은 3.75킬로그램에 해당한다. 50관은 약 187.5킬로그램.
* 약 7.8킬로미터.

앞질러 가 바위 뒤에 숨어서 호랑이가 오기를 기다렸다.

호랑이와 떨어진 거리가 약 300걸음, 충분한 사정거리가 아니었으나 시험 삼아 한 발 쏘았더니 운 좋게 등에 명중했다.

호랑이는 격렬한 아픔에 포효했고 그 소리는 온 산을 뒤흔들었다. 몰이꾼 한 명이 공포에 질려 넘어지자 호랑이는 그 순간을 틈타 가까이 있던 바위굴로 있는 힘껏 도망갔다.

바위굴은 입구의 직경이 2척*이 조금 안 되었다. 큰 바위의 지지 부분에 해당하는 곳에 굴이 있었다. 곧바로 일곱 명의 몰이꾼을 불러 돌로 입구를 막으려 했으나 아무도 움직이지 않았다. 최순원이 혼자서 돌을 굴려서 입구를 막자 호랑이는 오도 가도 못하고 바위굴에 갇히는 신세가 되었다.

벌써 14일의 해도 저물었다. 최순원은 호랑이 포획 계획을 짤 필요가 있다고 판단해, 6리**를 되돌아가 청나라 석공을 구하려고 했으나 구하지 못하고 밤을 새워 15일 새벽에 다시 돌아왔다. 날이 밝는 것을 기다려 산기슭으로 내려와 겨우 한 명의 석공과 열 명의 인부를 구해 바위굴 파괴에 착수했다. 그날 밤은 신제면(新濟面)의 사당에 누워서 겨우 잠을 잘 수 있었다고 했다.

같은 작업을 나흘간 반복한 끝에, 20일 저녁이 되어서야 겨우 작은 구멍을 낼 수 있었다. 그때까지 계속해서 바위를 뚫는 작업을 했다. 21일, 시험 삼아서 구멍으로 바위굴 안을 엿보니, 어렴풋한 움직임이 보였으나 너무 어두워서 구별이 잘 가지 않았다.

급히 만든 횃불을 입구를 가린 돌 틈에 집어넣고 뚫어 놓은

* 약 60.6센티미터.
** 약 24킬로미터.

작은 구멍으로 응시하며 총알을 쏘았다. 총알은 호랑이의 입을 맞혔고 다시 횃불을 굴 안으로 넣고 두 번째 총알을 쏘았다. 두 번째 총알은 머리를 뚫었다. 인부들을 동굴 안으로 들어가게 했으나 모두들 들어가려 하지 않아서 총탄을 한 번 더 쏘아 완전히 움직이지 않는 것을 확인한 후에야 겨우 이 호랑이를 동굴 밖으로 끌고 나올 수 있었다.

즉시 상석으로 최순원을 불러 상으로 은잔 하나를 주고, 향기롭고 맛좋은 술을 잔에 담아 건강을 기원하면서 앞으로의 행운을 빌었다.

그러자 최순원은 기뻐하며 자리를 떴다.

* * *

신창을 나와 북청으로 이동하는 도중, 햇빛은 기분 좋게 모든 것을 비추었고 우리는 하얗게 빛나는 얼음을 구경했다.

대화는 뜸했으며, 걷는 것에 질린 사람들은 짐차를 탔다. 철제 차바퀴가 달리기에 좋은 완전히 마른길이라 부대원들의 옷은 금세 먼지로 하얗게 되어버렸다.

북청 성문 밖에서 환영을 받고, 교외에서 가까운 보통학교에 마련된 회장에 가니 일선연합(日鮮聯合) 환영 무리가 우리들을 기다리고 있었다.

옛날에는 여진(女眞)이 그 근거지로 했으며 멸망 후에도 청해성(靑海城)*의 여운이 남아 있는 오래된 성벽은 지금도 꼭 봐야 할 유적이다. 집은 전부 지붕 위에 작은 돌을 얹고 있었으며 마을을 둘러싼 산봉우리는 대덕(大德), 삼각(三角), 중태(仲太)라고 불렸다. 이곳은 문록(文祿)의 난* 때 가토 기요마사가 통솔한 히슈[肥州] 군(軍)이 머문 곳과 그리 떨어져 있지 않다.

북청이 이번 행군의 마지막 사냥장소이다. 마을에 눈이 내릴 때, 야음을 틈타 드물지 않게 표범과 호랑이가 마을에 나타나 습격을 한다고 한다.

* * *

맑은 아침, 걸어서 중평리로 향하려 하자 좀 긴장이 되었다. 왜냐하면 함흥에서부터 동행한 헌병대가 7~8명의 병사를 모아 노덕면의 해수(害獸)를 사냥한다고 전해왔기 때문이다. 각 보병은 총을 들고 먼저 산으로 들어갔다.

1리 반**을 가서 중평리에 진을 쳤다. 여기서부터 북압록강변까지는 산만 있고 인가는 거의 없었다. 마을은 장엄한 병풍과 같은 산들로 둘러싸여 있으며 집은 불과 열 채를 넘지 않았다.

* 청해는 북청의 옛 이름이다.
** 임진왜란을 말한다.
** 약 5.9킬로미터.

식사 도중, 돼지 한 마리를 끌고 대덕산으로 가 호랑이가 있는지 없는지를 확인한 조선인은 산중에 놓아둔 돼지가 어젯밤에 무언가에 물려갔다고 했다. 하여, 돼지를 찾던 중 약 5치* 정도 되는 호랑이 발자국을 발견했다는 보고를 들었다. 바로 식사를 그만두고 험난한 산을 향했다.

산은 아직 깊지 않았지만 산기슭에 마을이 있고 구불구불 이어진 좁은 길만 있을 뿐이었다. 산길에는 눈이 쌓여 있었고, 바위에 매달려 오르면서 상수리나무숲을 빠져나와도 쉽게 봉우리를 볼 수 없었다. 땀이 찼고 아슬아슬하게 안부(鞍部)*를 밟으며 한차례 휴식을 취한 뒤 산꼭대기에서 나오려 할 때, 우연히 발아래 5~60척** 떨어진 계곡에서 유유히 걷고 있는 노루를 보았다. 그 수는 다섯 마리였다. 이 우연한 기회를 놓칠세라 바로 총을 난사하자 부대원들의 함성과 갈채가 터져 나왔다. 유순한 성격을 가지고 있어 잡기 쉬울 거라 생각했는데 소득이 없었다. 놀란 노루는 숲속으로 숨어 두 번 다시 그 뒤를 쫓을 수 없었다.

오후가 되어서 올라온 겨울 산은 해가 금방 저물기 시작해 내일을 기약하며 산을 내려가려고 하는데 또 노루 두 마리를 만났다. 원거리였지만 부대원들이 각각 개인의 공(功)을 경쟁하느라 서로 먼저 쏘겠다고 하는 사이 한 마리는 도망쳐버렸고, 나머지 한 마리도 잠시 밀치락달치락하다가 뒷다리에 상

* 길이 단위로 한 치는 한 자의 10분의 1이다. 미터로 환산하면 약3.03센티미터이다. 5치는 약 15센티미터.
** 산 능선이 말안장처럼 움푹 들어간 곳을 말한다.
*** 약 15~18미터.

183

처를 입고 도망쳤다.

본격적으로 사냥을 하기에 앞서 몸풀기로 한 사냥에서 이런 식으로 성급하게 힘만 쏟고 노루를 놓쳐버렸다는 생각에 유감을 느끼며 산을 내려왔다.

헌병대 또한 수확 없이 산을 내려왔다.

* * *

이튿날은 새벽에 기상을 했다.

얼음을 깨고 홍문강(紅間江)에서 양치를 할 때, 하늘에는 금성이 빛나고 있었다. 아침식사는 아직 준비되지 않았다. 아침은 먹다 남은 차가운 조선 쌀밥과 장아찌뿐이었다.

다음 목표는 동덕산(東德山).

진서(鎭西)에서 참가 기자인 갑지대(甲枝隊)가 와서 다른 이들과 동행하지 않고 산 왼쪽으로 올라갔으며, 을지대(乙枝隊)는 인부들을 데리고 서마답령의 험한 길을 전진했다. 헌병대는 북쪽을 목표로 향했으며, 정호군의 깃발은 산 정상에 꽂혀서 힘차게 휘날리고 있었다.

가는 곳마다 놀라 달아나는 꿩과 산새는 있지만 애초 목표했던 사냥감은 아니었다. 산허리에는 눈이 쌓여 있었다.

갑지대 뒤에서 십여 마리의 노루가 긴 행렬을 이루어 횡단하려는 것을 보았다. 어제의 실패를 보상받기 위해, 총성을 울렸다. 갑작스런 총성에 놀란 노루들은 이리저리 도망 다녔고 정상으로 올라간 노루들은 그곳에 있던 갑지대를 보고 놀라 산기슭으로 도망쳤으나 이번에는 헌병대의 총구가 노루들을 향해 사격 준비를 하고 있었다. 대부분의 노루는 도망칠 수 없었다.

환성은 메아리가 되었고 총성은 한층 더 계속되었다.

사냥감을 쫓기 위해서는 원숭이 같은 튼튼한 다리가 있어야 했다. 암벽으로 통하는 외길은 한 번 실수하면 100장* 길이의 절벽으로 떨어지는 진퇴양난의 상황이었으나 많은 이들이 숲에 몸을 숨기고 바위에 모습을 감추며 남은 노루 한 마리를 몰았다. 결국 갑지대의 손에 잡혀 그 피가 쌓인 눈을 적셨다.

광막한 북청평야를 둘러싼 산들 중에서는 눈에 띄게 높은 동덕산이 험한 산으로 2500*척에 달하는데, 산 정상은 전부 돌과 바위로 되어 있고 그 사이사이에 단풍나무와 소나무가 점점이 있었다. 구불구불 겹친 산맥의 아득한 저편에는 혜산진(惠山鎭)으로 통하는 큰 길이 끈처럼 보였고 동쪽으로는 신창에서 신포만을 따라 북쪽의 빙해가 멀리 내려다 보였다.

산꼭대기에서 우연히 호랑이굴 하나를 보았다. 동굴 직경은 약 2척**으로 부근에는 대여섯 개의 커다란 발자국이 흰 눈

* 장은 길이 단위로 1장(丈)은 약 3미터에 해당한다. 100장은 약 300미터.
* 약 758미터.
** 약 60.6센티미터.

185

위에 찍혀 있었다. 북풍이 불자, 피비린내가 나고 어두운 굴에서 음산한 기운이 돌아 사람을 위협했다.

최고봉에 꽂은 정호군의 깃발 밑으로 집합하여 모두들 무사함에 대해 축하할 때, 을지대가 노루 두 마리를 잡았다고 알려 왔다.

바로 북쪽으로 10여 리 떨어진 귀락령에 있는 제1반의 사냥 장소로 이동하기 위해 결속을 다지는 자리에서 전보가 왔다.

제1반의 주장인 강용근은 10여 일을 단천과 북청 이 두 군(郡), 특히 적목령(赤木嶺)*에서 귀락령(歸落嶺), 후치령(厚峙嶺)*의 군산(群山)으로 건너가 사냥을 했으나 결국 호랑이는 한 마리도 만나지 못했다. 다시 남쪽으로 이동해 단천과 북청을 가로질러갈 때, 마을의 웃어른을 찾아뵙고 예를 표하는 뜻으로 미리 잡은 노루 세 마리와 산양 세 마리를 드렸다고 했다.

상세한 정보는 밤에 듣기로 하고 산을 내려오니 원산에서 헤어져 7일 동안 만나지 못했던 금강산대가 도착해 있었다. 금강산대는 충청호를 타고 22일 밤 9시 장전(長箭)에 도착, 얼어붙을 듯한 날씨 속에서 반달의 빛으로 길을 찾아 한밤중에 온정리(溫井里)에 도착했다. 마을에는 온천이 있었으며 금강산기슭에 위치하고 있었다.

* 강원도 안변군 신고산면에 있는 고개로 높이가 752미터이다.
** 함경남도 북청과 풍산을 잇는 고개로 높이가 1,335미터에 이른다. 예로부터 관북의 중부 해안지방과 개마고원을 잇는 교통의 요지였다.

다음날, 모두가 한하계(寒霞溪)의 맑고 깊은 푸른빛 물과 장중히 늘어서 있는 관음산봉(觀音山峰), 단층이 기이한 수정봉(水晶峰)으로 이동해 많은 사람들이 찾는 아름다운 경치를 구경하며 2리 정도 가서 구만물상 정상에 도착했다.

　때때로 낭떠러지를 올라 절벽에 매달리고 계곡을 내려가 위험해 보이는 다리를 건너며 저무는 해와 함께 온정리로 돌아왔다. 둘째 날은 신계사와 구룡연을 보았다.

　도중에 지옥고개를 횡단하고 험한 산봉우리 사이에서 눈에 띄는 문필봉(文筆峰)의 모습을 보며, 옥류계(玉流溪)의 깨끗한 물에 발을 담갔다. 숲에 들어가 단층을 기어올라 빽빽이 서 있는 집선봉(集仙峰)의 산허리를 돌며 낙엽을 밟았다. 계곡 끝에 금강산의 제1봉인 비로봉(毘盧峯)이 있는데, 그 풍경이 바위가 서로 안고 있는 듯한 모습이었고 동굴도 있었다. 이동로는 그 바위들을 뚫어 연결한 쇠사슬과 주변의 등나무와 담쟁이덩굴을 제거하여 걷기 편하게 만들어 놓았다. 게다가 비봉봉(飛鳳峰)과 폭포와 옥류동(玉流洞), 진주담(眞珠潭)이 있고 비취가 늘어서 있는 듯한 팔담(八潭)이 있었다.

　경치를 마음껏 즐기고 24일 저녁, 장전으로 돌아와 배를 기다리는 동안, 항구에서 고래를 해체하는 것을 보았다.

　한밤중에도 타야 할 배가 오지 않았다. 다음날이 밝아도 그 모습 보이지 않았다. 하루가 지나고 그날 밤이 되어서야 겨우 닻을 내렸다.

정박하고 있는 5시간 동안 하염없이 시간을 보내고, 26일 정오에 원산으로 돌아와 행운호로 갈아탄 후, 27일 오전 2시에 출항했다. 서호진에서 6시간을 보내고 신창으로 들어가니 28일 오전 2시였다.

한밤중이었지만 숙소로 들어가지 않고, 일행의 뒤를 쫓기 위해 바로 마차를 타고 어제 겨우 북청으로 들어가 오늘은 도보로 여기에 도착했다.

* * *

금강산대의 도착을 전후로 남쪽의 전라남도에 있는 제7반 포수 곤도가 26일 천대산(天臺山)* 부근에서 수호(水虎) 한 마리를 포획했다는 보고를 받았다.

밤이 되어 식당에서 강용근을 만났다. 52세에 얼굴은 붉고 키가 컸으며 수염은 정리하지 않았지만 눈빛만은 날카로웠다. 그는 털옷을 두르고 있었다. 조선 제일의 명포수라고 하는 만큼 이름과 명예를 걸고 제1반의 수장으로 뽑혀 제 손바닥 보듯, 함경남북도의 산맥과 계곡을 다 뒤졌으나 한 마리도 발견하지 못했다. 강용근은 조용히 눈을 내리깔고 앉았다. 오늘날까지 백 마리의 호랑이를 잡은 영광이 이번 일로 사라질 수도 있었으니, 누가 물으면 말을 아꼈고, 스스로 떠벌리지

* 전라남도 장흥에 있는 산으로 높이가 549미터이다.

않았으며 단지 묵묵히 그간의 일들을 눈물을 흘리며 이야기
했다.

그 자리에 있던 사람들 또한 모두 침통해 했다.

뒤에 제2반의 이윤회가 있었다. 이윤회는 44세로 강용근과
비교해 작은 몸집이지만 침착하기로는 그 누구도 따를 자가
없다. 제1반과 제2반은 귀락령에서 접촉하고부터 연립해서
행동했다. 포획물로 노루 두 마리와 산양을 들고 왔다.

잔을 주거니 받거니 하였으나 모두들 많이 마시지는 못했
다. 기대에 못 미쳐 부끄럽다며 그 자리에 오래 있지 않고 나
간 사람도 있었다.

강용근과 이윤회는 밤이 깊었지만 이 마을에 묵지 않겠다
고 했다. 총을 어깨에 메고 우리 일행이 경성을 떠날 때까지
적어도 호랑이 한 마리는 잡겠다는 맹세를 하고 다시 산으로
들어갔다.

미둔리의 어둠과 비교하면 이날 밤의 달은 청명했다. 하늘
은 쌀쌀했고 산봉우리에는 눈이 쌓여 있었다. 홍문강의 물은
은(銀)이 부딪히는 소리를 냈으며 소나무 바람은 흐르는 강물
에 부딪히며 흘러갔다. 피로한 일행은 모두 숙소의 문을 닫아
서 계곡의 한촌에는 창문으로 희미하게 새는 불빛만 보일뿐
이었다. 창밖은 인적이 없고 대지가 얼어붙어가는 소리만 들
렸다.

＊＊＊

　포수의 소재지가 분명하지 않아 뒤를 쫓아갈 수도 없었다. 여기서 사냥을 끝내기로 하고 북청으로 돌아가 햇살의 따사로움을 느끼며 한나절 정도 물새 사냥을 했다.

　북청은 올 때와 떠날 때가 똑같았다. 다만 사람 수가 늘어났다는 것만 달랐다.

　정오가 지나서 다시 신창으로 들어가니 제4반 포수 미야타 도미자부로가 29일 문천군 운림면 신풍리에서 몸 크기가 6척*이나 되는 멧돼지를 포획했으며, 제5반 기쿠타니 리키조는 30일 영흥군 인흥면 선산리에서 4척 5치** 크기의 곰 한 마리를 잡아 공을 세웠다는 소식을 들었다.

　오늘 밤이 지나서 출항하기 위해 배를 기다리는 동안 머문 한적한 항구 숙소의 등불 밑은 이야깃거리로 신이 난 사람들로 북적였다. 그러는 사이 새벽 2시가 되었다. 이야기는 끊임없이 계속되었다.

＊＊＊

　때때로 구름이 달을 가리는 밤길을 걸으며 바닷바람에 옷깃을 세우고 얼어붙은 손끝을 만지면서 항구로 가 거룻배를

---

* 약 1.8미터.
** 약 1.4미터.

탔다. 파도가 조금 높았다.

60해리*를 배로 갔다. 시간이 좀 지나자 비가 내렸다. 호랑이 사냥에 나선 이후 처음 내리는 비다. 하얀 안개비가 바다를 둘러싸 육지에서 보면 눈이 내리는 것처럼 보일 것이다.

원산에 도착하자 밤이 되었다.
오랜만에 수돗물을 끓인 물로 목욕을 했다. 서로 먼지에 찌든 얼굴과 마구 자란 수염과 검은 얼굴을 보며 큰소리로 웃었다.
사냥감은 모두 숙소에 모았다. 산처럼 쌓아놓고 사진을 찍었다.

* * *

제2차 근거지로서 적을 두었던 이 원산에는 세 번 들렀었다. 그러나 오늘을 마지막으로 원산과는 이별인 것이다. 그간 원산과 정이 들었는데 이 이별이 슬프구나.

사냥에 나설 때 열차 안에서 본 들판과 언덕, 고목이 돌아갈 때는 드문드문 눈이 쌓여 있었고, 광막한 들판의 저 끝에 줄지어 있는 산들은 반달의 빛을 받아 더욱 하얗게 빛났다.

* 약 111킬로미터.

191

〈개선가〉가 생각난다. 이 노래도 야마오카 조슈가 만들었다.

달이 어두운 장백(長白)의 산을 비추고
그를 뒤덮고 있는 흰 눈이여
계곡물이 얼 때 산과 산을 다 뒤져 모조리 사냥하자
개선가를 부르자 용감하게 돌아온 야마모토 정호군

미둔리 산의 초진(初陣)에 단천 북청산 깊이 들어가
바위를 뚫고 절벽을 타고 모조리 사냥하자
그 모습 당당하고 용감하게 돌아온 야마모토 정호군

일본 남아의 용감함에 무적이다
맹호도 표범도 멧돼지도 산양도 곰도 노루도 모조리 사냥하고
사냥감의 산, 용감하게 돌아온 야마모토 정호군

* * *

해가 저물어 남대문역에 들어갔다. 이미 각 반에서 보내온 사냥감인 호랑이를 보는 사람들로 역 앞이 붐볐다. 환영인파 속에는 폭죽과 조선악대도 있었다.

지난달 15일에 이 역에서 출정하여 딱 18일이 지나서 눈부시게 개선을 했구나.

후기
後記

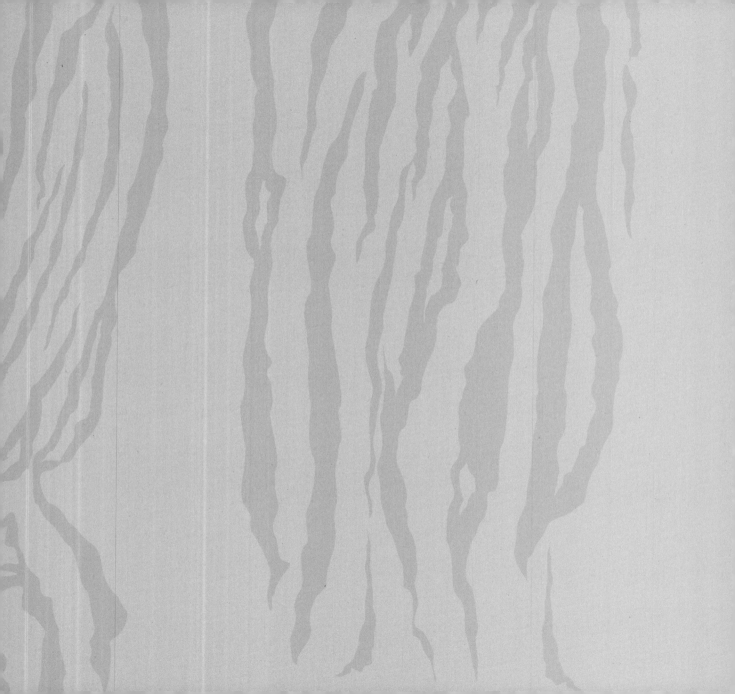

경성으로 개선하고 체류 이틀째, 지금까지 함께한 부대원들은 집으로 돌아가거나 이번 기회를 이용하여 오랜만에 옛 친구를 만나려는 사람도 있었다. 해산이라고 말하지는 않았지만 5~6명 정도가 스스로 정호군에서 빠져나갔다.

　　남쪽에서 잡아서 보내온 수호(水虎)를 보다.

　　수호는 100년이나 50년에 한 마리 나올까 말까 한 매우 희귀한 동물로 호랑이와 표범의 잡종이다. 포수인 곤도 고이치는 15일부터 능주(綾州)*에 머물면서 열흘째 되는 날에 화순(和順), 나주(羅州), 장흥(長興)의 경계가 되는 천태산(天台山)*에서 호랑이가 출몰한다는 이야기를 듣고 천태산으로 들어가 이틀간 수색 끝에 호랑이굴을 발견했다. 산 정상에 가까운 암석 부근의 굴에서 두 마리가 살고 있는 것을 확인했다. 총이 빗나가 두 마리 전부 놓칠 뻔한 것을 한 번 더 쏘자 상처를 입

*　전라남도 화순의 옛 지명이다.
**　전라남도 화순에 있는 산으로 높이가 497미터이다.

고 화가 난 한 마리의 호랑이가 바로 달려들기 시작했다. 다시 쏘자 총탄이 호랑이 머리를 관통했다. 그것이 바로 수호였다. 다른 한 마리는 굴에서 빠져나올 때, 옆에 서 있던 몰이꾼의 머리를 물어서 전치 1주의 상처를 입혔다.

수호는 그 생김새가 표범과 닮았으나 반점과 꼬리가 역시 일반 표범과는 다르다. 포획한 수호는 전체 몸길이가 약 9척 5치*로 털가죽이 매우 아름다웠다.

전남 지대(枝隊)의 하나인 제8반은 곤도 지대와 경쟁해 지금은 호봉령의 연산(連山) 곡성(谷城) 부근에서 6리**쯤 떨어져 있는 산골 지점에 있다.

각 반에서 보내오는 쾌보를 기다리면서, 우리 일행은 체류하는 동안 하루를 운동회로 보냈다. 산과 골짜기를 넘나들어도 아직 힘이 남아 있는 사람들이 있었기 때문이다.

운동회장은 시의 북단에 위치한 훈련원 광장으로 골랐다. 북서풍이 불어 북풍이 뼈까지 스며들고, 지면에는 서리가 두껍게 깔려서 온몸이 얼 듯한 추위였으나 일부러 옷을 벗고 수십 가지의 경기를 하고 끝내는 알몸으로 씨름을 하며 정호군의 용맹스런 기상을 내뿜었다.

밤이 되어 조선호텔로 경성의 귀빈 120여 명을 초대해 포

* 약 2.9미터.
** 약 23.4킬로미터.

획물로 시식회를 열었다(1917년 12월 7일).

주빈석에는 야마가타 정무총감님이 계셨다. 식단으로는 4종류를 준비했다.

간 오리고기 요리
찐 숭어 스프
멧돼지 고기를 갈아 젤리로 싼 요리
호랑이 고기를 채소와 함께 양주를 넣어 익힌 요리
찐 염소 고기와 생야채 곁들임
잣 빙과(氷菓)

노[能]와 무용이 있고 노래가 세 곡 흘렀다. 주위에 호랑이와 표범을 장식했다.

* * *

아침이 오기 전, 배웅을 받으며 남대문역을 떠나는데 포획한 사냥감이 화물차 한 칸에 꽉 찼다. 그때 뒤늦게 혼다 포수가 늑대 한 마리를 보내왔다. 늑대는 조선의 해로운 짐승으로 사람과 가축을 잡아먹는 이리의 한 종류이다.

부산에 도착하자 밤이 되었다.

부산 부윤(府尹)*과 부(府)의 유지들에게 초대를 받아 역 건물 위층에서 회식을 했다.

황송하게도 고려호에 탈 수 있었고 눈을 뜨자 벌써 시모노세키의 부두였다.

후쿠오카의 하카타에서 관광객처럼 구경도 하고, 때로는 귀빈으로서 사찰도 하며 하룻밤을 규슈의 북쪽에서 보냈다. 가는 도중에 여러 사람들에게 환영과 환송을 받고 고베에서 휴식을 취한 뒤 예정대로 도쿄역에 도착했다. 나중에 돌아보니 실로 한 달에 걸친 행군이었다.

이 행군에는 신문사와 잡지사의 참가도 있었다. 20사(社)가 모였고 19명이 처음부터 끝까지 함께했다. 여기에 송창양행(松昌洋行) 본사와 지점, 그리고 관계 회사도 동반했다.

* * *

같은 달 20일 제국호텔에서 시식회를 열었다. 신문에 기사가 실렸다.

야마모토 정호군이 가지고 온 선물인 호랑이 고기 시식회는 20일 오후 5시부터 제국호텔에서 개최되었다. 참석자는 덴 겐

---

* 부윤(府尹)은 지금의 시장에 해당한다.

198

지로〔田健治郎〕, 나카쇼지 렌〔仲小路廉〕 양(兩) 대신, 기요우라 게이고〔淸浦奎吳〕 추밀원 부의장, 스에마츠 겐초〔末松謙澄〕, 고마츠하라 에이타로〔小松原英太郎〕 양(兩) 고문관, 가미오 미츠오미〔神尾光臣〕 육군대장, 시부자와 에이이치〔渋澤栄一〕, 오쿠라 츠루히코〔大倉鶴彦〕 양(兩) 남작(男爵), 고노 도가마〔河野敏鎌〕, 노다〔野田〕, 오카자키〔岡崎〕, 그 외 민관(民官) 명사 200여 명이었다. 식당의 안팎은 호랑이 사냥이 테마여서 대나무 숲을 배경으로 사냥감인 호랑이와 표범, 곰, 노루의 박제를 배치해 호랑이 사냥의 기분을 만끽할 수 있게 했다. 식단으로는

1. 함경남도 호랑이의 차가운 고기(푹 익힘, 토마토케첩으로 마리네 함)
2. 영흥 기러기 스프
3. 부산 도미 양주 찜(국물과 함께)
4. 북청 산양 볶음(야채 곁들임)
5. 고원 멧돼지 구이(크랜베리 소스, 샐러드 곁들임)
6. 아이스크림(작은 과자 곁들임)
7. 과일, 커피

조선에서 가져온 선물인 사냥감 전부가 조리되어 내빈객들에게 대접되자 모두들 입맛을 다셨으며 매우 호평을 받았다. 연회의 중반쯤에 야마모토 씨의 호랑이 사냥 체험담이 있었

고 덴〔田〕 남작이 내빈을 대표해서 한 인사가 주객을 기쁘게 했다. 사이사이에 호랑이 사냥 춤, 노〔能〕의 야마우바*와 로시(Giovanni Vittorio Rosi)의 가극 등 흥겨운 시간을 보냈다. 내빈객인 야노 츠네타〔矢野恒太〕 씨는 광가(狂歌)*를 불렀다.

호랑이 사냥의 공적뿐이랴 아시가라〔足柄〕의 산에 사는 마귀할멈까지 생포했네.**

오쿠라 츠루히코(혹은 오쿠라 기타로〔大倉喜八郞〕) 옹(翁)은

호랑이 고기를 맛보는 사람 두 명 있어, 소가주로〔曾我十郞〕와 후지〔不二〕의 일본 남아 야마모토라네.**

* * *

호랑이 고기는 시식회에 제공한 것 이외에는 선배와 지인에게 나누어주었고, 뼈는 그 정기를 뽑아 '호골정(虎骨精)'이라고 이름 지어 똑같이 나누어주었다.

* 야마우바는 일본에서 옛부터 전승되는 마귀할멈으로 사람을 잡아먹는 무서운 존재이다. 아시가라 고개에도 산다고 해서 연회 초반에 공연한 야마우바의 노〔能〕와 연관시켜서 이 광가를 읊은 것이다.
** 풍자와 익살을 주로 한 단가(短歌).
** 가나가와 현의 지명.
** 소가주로는 부친의 원수를 갚는 이야기 "소가모노가타리〔曾我物語〕"의 주인공으로 창녀 도라고젠(虎御前 혹은 도라조〔虎女〕라고도 불린다)을 첩으로 삼고 있었다. 이를 호랑이 고기를 맛본다고 재미있게 표현한 것이다. 또 "후지의 야마모토"라는 표현에는 "후지산=대일본"이라는 뜻이 담겨 있으며 후지를 "不二(불이)"로 나타냄으로써 야마모토가 소가주로보다 용감했다고 칭찬해서 이 광가를 읊은 것이다.

200

| 감사의 글 |

『정호기』의 한국어판 출간을 위해 한국연구재단(교육부)의 학제간융합연구사업 "인간동물문화연구"(씨앗형, 2009년, NRF−2009−371−H00025) 및 "인간동물문화연구"(새싹형, 2012년, NRF−2012S1A5B6034265)에서 일부 지원을 받았으며, 또한 2011년 서울대학교 일본연구소가 주관한 일본학연구 지원사업의 일부 지원이 있었다. 『정호기』 번역과 편집, 그리고 야마모토의 한국 호랑이 표본 및 관련자료 탐색과 탐사에 도움을 주신 많은 분들께 감사의 뜻을 표한다. 도와주신 분들은 다음과 같다.

기무라 준페이(Kimura Junpei) 서울대학교 수의과대학 해부학 연구실 교수, 가와다 신이치로(Kawada Shin−ichiro) 일본 국립과학박물관 큐레이터, 구리하라 노조미(Kurihara Nozomi) 일본 국립과학박물관 연구원, 히라타 하야토시(Hirata Hayatoshi) 일본국립과학박물관 연구원, 모토가와 마사하루(Motagawa Masaharu) 일본 교토대학교 박물관 교수, 신타쿠 유타(Shintaku Yuta) 일본 교토대학교 박물관 연구원, 야마자키 도시아키(Yamazaki Toshiaki) 일본 교토 도시샤 고등학교 교감, 니만 다카시(Niman Takashi) 일본 교토 도시샤 고등학교 생물교사, 서울대학교 사회과학대학 사카자키 모토히코(Sakazaki Motohiko), 서울대학교 의학도서관 황영숙, 와일드넷 박형욱 피디, 서울대학교 수의과대학 야생동물유전자원은행 정유진, 현지연, 이서진, 이창훈, 이선미, (사)한국범보전기금의 조장혁.

| 참고 자료 |

(사)한국범보전기금 홈페이지: www.koreantiger.co.kr
   http://한국범.한국/
한국 호랑이 한국표범 되살리기 블로그: www.savetiger.kr
   http://한국 호랑이.한국/
아무르호랑이 및 아무르표범 보전단체 연합회(ALTA, Amur Leopard
   and Tiger Alliance): www.altaconservation.org

『정호기』 등장인물 해설

야마모토 다다사부로 山本唯三郎(1873~1927)

1873년 11월 8일 생. 무역상사 송창양행의 지배인이자 사장을 지냈다. 제1차 세계대전이 시작되면서 후나나리킹(제1차 세계대전 때 조선업, 해운업 등으로 급격히 부를 쌓은 사람을 뜻하는 용어)이 되지만 1920년에 일어난 공황에 의해 재산을 잃게 된다. 1927년 4월 17일에 55세의 나이로 사망하였다. 오카야마 현 출신으로 삿포로 농학교(현 홋카이도대학교)를 졸업하였다. 송창양행 사장으로 대행사(大行社)라는 우익단체 후원자였다. 조선전기흥업㈜의 이사(1921년~1925년)를 담당했고, 또한 대주주로서 10,000주를 소유했다. 함흥탄광철도㈜의 대주주(6,100주 소유), 제국탄업㈜의 대주주(68,169주 소유), 오사카해상보험 주주(5,000주 소유)였다. 참고:『日本人名大辞典』講談社, 조선은행회사요록(朝鮮銀行会社要録,1921년판, 1925년판)

야마가타 이사부로 山縣伊三郎(1858~1927)

메이지-다이쇼 시대의 관료이다. 1858년 12월 23일 생. 숙부인 야마가타 아리토모의 양자였다. 도쿠시마, 미에 현 지사, 내무차관 등을 거쳐 1906년 제1차 사이온지 내각의 체신상(우편, 통신을 관리하는 중앙관청) 자리에 오르게 된다. 한일강제병합 준비 등을 이끌어 1910년 조선총독부 정무총감이 되고, 1920년에는 관동 장관을 지냈다. 이후 추요원 고문관, 귀족원 위원이 된다. 1927년 9월 24일에 71세의 나이로 사망하였다. 나가토(현 야마구치 현) 출신. 참고:『日本人名大辞典』, 講談社.

덴 겐지로田健治郎(1855~1930)

메이지-쇼와 전기의 관료, 정치가이다. 1855년 2월 8일 생. 덴 분페이의 차남이며 덴 히데오의 조부. 가나가와, 사이타마 등 각 현의 경찰부장을 거쳐 1890년에 체신성에 들어가 1898년 체신성 차관 겸 철도국장이 된다. 1901년 중의원(일본의 하원) 위원(당선 2회, 정우회)을 거쳐 데라우치 내각 체신성 장관, 대만 총독, 제2차 야마모토 내각 농상무장관 겸 법무장관을 지냈고 귀족원 위원, 추요원 고문관도 맡았다. 1930년 11월 16일 76세의 나이로 사망하였다. 단바히가미군(현 효고 현) 출신. 참고:『日本人名大辞典』, 講談社.

나카쇼지 렌仲小路廉(1866.8.12~1924)

메이지-다이쇼 시기의 관료, 정치가이다. 도쿠야마 번(현 야마구치 현) 출신이다. 1882년 오사카후 설립 개성학교 졸업. 1887년 제3회 판사 등용 시험에 합격 후 1890년에 검사가 되었다. 동경지방재판소, 동경피소원 등에서 검사로 근무 후 1901년에 정계로 들어서게 되면서 체신성 관방장으로서 체신성 장관이었던 고토 신페이를 도와 정계에 정착하게 된다. 이후 내무성 토목국장, 경보국장, 체신성 차관을 연임하였다. 1911년 귀족원 위원이 되었고, 1913년 가츠라 타로우가 주최한 입헌 동지회결성에 참가하였다. 1923년 추밀원 고문관이 되었다. 참고: 『朝日 日本歷史人物辞典』, 朝日新聞社.

기요우라 게이고^{清浦奎吾}(1850~1942)

메이지–다이쇼 시기의 관료, 정치가이다. 1850년 2월 14일 생. 히로세 단소우가 설립한 함의원(咸宜園)에서 교육을 받았다. 야마가타 아리토모에 의해 내무 관료로서 신임 받아 1891년 귀족원 위원이 되었다. 법무장관, 농상무장관, 추요원 고문관 등을 연임하였으며 1924년 귀족원을 기반으로 내각을 세우려 했으나 총선거에서 호헌3파에 패배하여 5개월 만에 사임하였다. 1942년 11월 5일 사망. 히고(현 구마모토 현)출신. 참고: 『日本人名大辞典』, 講談社.

스에마츠 겐초^{末松謙澄}(1855~1920)

메이지–다이쇼 시기의 정치가, 문학자이다. 1855년 8월 20일 생. 이토 히로부미의 사위였다. 1878년 영국 케임브리지대학교로 유학을 떠나 『겐지 이야기』를 영어로 번역하여 간행하였다. 귀국 후 연극 개량 운동에 힘을 썼다. 1890년 중의원 위원(당선 3회)을 지냈다. 이토 내각의 체신성 장관과 내각 장관, 제국학사원 회원을 지냈다. 1920년 66세의 나이로 사망하였다. 부젠미야코군 (현 후쿠오카 현) 출신. 번역서에 『방자회천사』 등이 있다. 참고: 『日本人名大辞典』, 講談社.

고마츠하라 에이타로小松原英太郎(1852~1919)

메이지–다이쇼 시기의 관료, 정치가이다. 1852년 2월 16일 생. 〈평론신문〉, 〈아사노신문〉의 기자를 맡으며 1879년 〈야마히신보〉를 창간. 정계에 입문해 사이타마 현 지사, 사법차관, 내무차관을 연임하였다. 1900년에는 귀족원 위원, 오사카마이니치신문 사장을 맡았으며 1908년에는 제2차 가츠라 내각의 문부장관을 지냈고, 이후 추요원 고문관도 맡았다. 동양협회 회장, 오사카매일신문사 사장, 국학원대학 학장 등을 역임했으며, 다쿠쇼쿠대학교 제2대 학장을 지냈다. 1919년 12월 26일 68세의 나이로 사망하였다. 비젠(현 오카야마현)출신, 게이오기주쿠대학교 중퇴. 참고:『日本人名大辞典』, 講談社.

시부자와 에이이치渋澤栄一(1840~1931)

사업가. 사이타마 출신. 이치노하시 일가에 종사하며 바쿠신(막부의 신하)이 되었으며 파리 만국박람회 막부 사절단에 들어가면서 유럽으로 떠나게 된다. 오쿠라성 관리(국가공무원)를 맡은 후 제1국립은행을 설립하였다. 각종 회사 설립에 참가하여 실업계의 지도적 역할을 하여 일본 자본주의의 아버지라고 불리고 있다. 참고:『大辞泉』, 小學館.

오쿠라 기하치로大倉喜八郎(1837~1928)

메이지–다이쇼 시기의 실업가이다. 1837년 9월 24일 생. 호는 츠로히코(鶴彦) 로 '오쿠라 츠루히코'란 이름으로 광가집(狂歌集)을 내기도 했다. 에도(현 동경)에서 총포점을 개업, 보신전쟁에서 신 정부군

207

에게 무기를 팔아 크게 이익을 남겼다. 1837년 오쿠라구미라는 상회를 설립하여 오쿠라 재벌의 체제를 확립하였다. 동경전등, 대일본맥주 등 다양한 회사 설립에 관여했으며, 시부자와와 함께 제국호텔 등을 설립했다. 오쿠라 상업학교(현 동경 경제대)를 설립하였으며 한국의 선린상업고등학교(현 선린인터넷고등학교)도 설립했다. 한국의 문화재를 반출한 이력도 있다. 1928년 4월 22일 92세의 나이로 사망하였다. 에치고(현 니가타 현) 출신. 참고:『日本人名大辞典』, 講談社.

고노 토가마河野敏鎌(1844~1895)

정치가. 도사번 출신으로 존왕양이(임금을 섬기고 오랑캐를 무찌름)파로 활약하였다. 1882년 입헌 개신당을 결성하여 부총리가 되었으나 이후 탈당하였다. 농상무, 사법, 내무, 문부장관을 연임하였다. 참고:『大辞泉』, 小學館.

야노 츠네타矢野恒太(1866~1951)

메이지-쇼와 시기 전기의 실업가. 1866년 12월 2일 생. 독일에서 보험 제도에 대해 공부했으며 농상무성에 들어가 보험업법의 제정에 힘을 썼다. 1902년 일본에서 처음으로 상호보험회사인 제일생명보험을 설립하여 전무, 이후 사장, 회장직을 맡았다. 1927년 발간된《일본국세도회》는 지금까지도 이어 받고 있다. 1951년 9월 23일 85세의 나이로 사망했다. 비젠(현 오카야마 현) 출신. 제3 고등중학교 의학부(현 오카야마대학교)를 졸업했고 『생명보험』, 『국민수표』 등을 썼다.

이윤회(?~1935)

19세기 말부터 1930년대 초까지 이름을 날린 사냥꾼으로 강용근, 최학풍 등과 함께 조선왕조 궁내부(宮內府)에서 정식허가를 받은 엽사들이었다. 왕실에 녹용을 바치는 외에, 왕족이나 외국 귀빈을 위한 사냥에도 안내역을 맡았다. 이들 가운데 특히 이윤회는 몰이 방법을 써서, 하루에 108마리의 꿩을 잡은 달인(達人)이었다.

강용근(생몰년 미상)

이윤회와 같이 당대를 풍미하던 유명한 포수. 호랑이 포획의 일인자로 불렸다. 당시의 포수들이 화승총을 사용한 데 비해, 강용근, 이윤회 이 두 명은 라이플을 사용했다.

심천풍(1890~1946.3.6)

본명 심우섭. 언론인이자 방송인. 『상록수』의 작가 심훈의 맏형으로 천풍은 호이다. 2008년 발표된 민족문제연구소의 『친일인명사전』 수록예정자 명단 중 언론/출판 부문에 포함되었다. 친일반민족행위 진상규명위원회가 발표한 친일 반민족행위 704인 명단에도 포함되었다. 정호군을 따라다니며 〈매일신보〉에 그 여정을 기사로 썼다. 호랑이 고기 시식회 참석자로 『정호기』 원본 뒷장에 친필 사인이 들어가 있다.
참고: 한국어 위키백과

야마하나 요시키요^{山塙芳潔}(1890〜1935)

　경성일보에서 스카우트한 동아일보 사진기자로 1921년 최초로 백두산 일대를 사진 촬영하였다. 한복을 입고 다녔으며 사진에 열정적이었다. 조선일보, 중외일보 등에서도 활동하다 1935년 46세의 나이로 사망하였다. 『정호기』 원본 뒷장에 친필 사인이 들어있으며 『정호기』에 수록된 사진을 찍은 인물로 추정된다. 참고: 동네; 동아미디어그룹 공식 블로그.

| 찾아보기 |

지은이 **야마모토 다다사부로**山本唯三郞(1873~1927)

일본 오카야마 출생으로 제1차 세계대전 때 선박업으로 엄청난 부를 쌓았으며, 송창양행(松昌洋行) 사장을 지냈다. 1917년 11월 한국 호랑이를 사냥하기 위해 조선에 들어와 약 한 달간 머물면서 원산, 북청 등지에서 사냥을 했다. 당시 포획된 호랑이와 표범 등 야생동물 박제가 90여 년 만에 교토의 도시샤 고등학교 표본관에서 발견되어 호랑이 연구학계의 비상한 관심을 모았다.

옮긴이 **이은옥**

일본 동경농공대학교에서 큰부리까마귀의 날개 구조색 연구로 박사학위를 받았다. 현재 서울대학교 수의과대학 박사후연구원으로 있으며, (사)한국조류학회 이사를 맡고 있다. 옮긴 책으로 『한국 호랑이는 왜 사라졌는가』『한국의 마지막 표범』이 있다.

해 제

이 항

서울대학교 수의과대학 교수로 있으며, (사)한국범보전기금 대표와 인간동물문화연구회 대표를 맡고 있다. 언젠가 한반도에 호랑이와 표범이 돌아올 날이 올 것이라 굳게 믿고 있다.

김동진

한국교원대학교 역사교육과 강사로 있으며, (사)한국범보전기금 인문학술이사와 인간동물문화연구회 공동연구원이다.

엔도 기미오

1933년 일본 이와테 현 출신으로 야생동물 생태를 연구하고 있으며, 특히 한국 호랑이와 표범에 많은 관심을 갖고 있다. 지은 책으로 『한국 호랑이는 왜 사라졌는가』『한국의 마지막 표범』 등이 있다.

정호기

2014년 4월 15일 초판 1쇄 발행
2015년 11월 25일 초판 2쇄 발행

지은이   야마모토 다다사부로
옮긴이   이은옥
해 제   이 항 · 엔도 기미오 · 이은옥 · 김동진
펴낸이   박래선 · 신가예
펴낸곳   에이도스
출판신고 제25100-2011-000005호

주소   서울시 은평구 진관4로 17, 810-711
전화   02-355-3191
팩스   02-989-3191
이메일   eidospub.co@gmail.com

표지 디자인 공중정원
본문 디자인 김경주

ISBN   979-11-85415-02-4   93910